Recettes de te et de seitan pour chaque repas

100 recettes copieuses et riches en protéines pour une cuisine végétalienne savoureuse

Benjamin Meyer

© Copyright 2024 - Tous droits réservés.

Le livre suivant est reproduit ci-dessous dans le but de fournir des informations aussi précises et fiables que possible. Quoi qu'il en soit, l'achat de ce livre peut être considéré comme un consentement au fait que l'éditeur et l'auteur de ce livre ne sont en aucun cas des experts sur les sujets abordés et que toutes les recommandations ou suggestions qui y sont faites sont uniquement à des fins de divertissement. Des professionnels doivent être consultés si nécessaire avant d'entreprendre l'une des actions approuvées ici.

Cette déclaration est considérée comme juste et valide par l'American Bar Association et le Committee of Publishers Association et est juridiquement contraignante dans tous les États-Unis.

En outre, la transmission, la duplication ou la reproduction de l'une des œuvres suivantes, y compris des informations spécifiques, sera considérée comme un acte illégal, qu'il soit effectué par voie électronique ou sur papier. Cela s'étend à la création d'une copie secondaire ou tertiaire de l'œuvre ou d'une copie enregistrée et n'est autorisée qu'avec le consentement écrit exprès de l'éditeur. Tous droits supplémentaires réservés.

Les informations contenues dans les pages suivantes sont généralement considérées comme un compte rendu véridique et précis des faits et, en tant que telles, toute inattention, utilisation ou mauvaise utilisation des informations en question par le lecteur rendra les actions qui en résulteront uniquement de son ressort. Il n'existe aucun scénario dans lequel l'éditeur ou l'auteur original de cet ouvrage puisse être tenu responsable de toute difficulté ou de tout dommage qui pourrait leur arriver après avoir entrepris les informations décrites ici.

En outre, les informations contenues dans les pages suivantes sont fournies uniquement à titre informatif et doivent donc être considérées comme universelles. Comme il sied à leur nature, elles sont présentées sans garantie quant à leur validité prolongée ou leur qualité provisoire. Les marques commerciales mentionnées sont faites sans consentement écrit et ne peuvent en aucun cas être considérées comme une approbation de la part du titulaire de la marque.

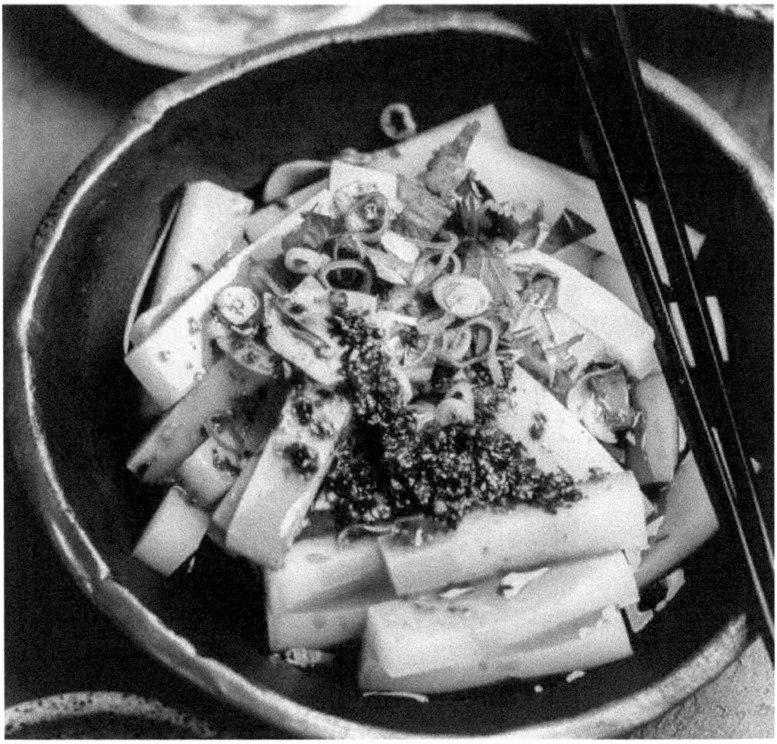

Sommaire

INTRODUCTION..8

1. Caillé de haricots avec sauce aux huîtres......................10
2. Tofu frit..12
3. Caillé de haricots fermenté aux épinards......................13
4. Tofu mijoté...15
5. Nouilles chinoises à la sauce cacahuète-sésame................17
6. Nouilles à la mandarine....................................19
7. Caillé de haricots avec sauce aux haricots et nouilles..........21
8. Tofu farci aux crevettes....................................23
9. Caillé de haricots aux légumes du Sichuan....................25
10. Tofu braisé aux trois légumes..............................27
11. Triangles de tofu farcis au porc............................29
12. Pancakes aux canneberges et au sirop......................31
13. Tofu glacé au soja..33
15. Tofu croustillant avec sauce aux câpres grésillante..........37
16. Tofu frit à la campagne avec sauce dorée...................39
17. Tofu et asperges glacés à l'orange..........................41
18. Pizzaïola au tofu...43
19. Tofu « Ka-Pow »..45
20. Tofu à la sicilienne.......................................47
21. Sauté de Phoon Thaïlandais...............................49
22. Tofu cuit au four peint au chipotle.........................52
23. Tofu grillé avec glaçage au tamarin........................54
24. Tofu farci au cresson.....................................56
25. Tofu aux pistaches et à la grenade..........................58
26. Tofu aux épices de l'île...................................60
27. Tofu au gingembre avec sauce hoisin aux agrumes...........62
28. Tofu à la citronnelle et aux pois mange-tout.................64
29. Tofu double sésame avec sauce tahini......................66

30. Ragoût de tofu et d'edamame..................68
31. Escalopes de rêve au soja et au tan..........70
32. Mon genre de pain de viande..................72
33. Pain perdu très vanillé......................74
34. Tartinade de petit-déjeuner au sésame et au soja..............76
35. Radiatore avec sauce Aurora..................77
36. Lasagnes classiques au tofu..................79
37. Lasagnes aux blettes rouges et aux épinards..........81
38. Lasagnes aux légumes rôtis...................84
40. Lasagnes Primavera...........................88
41. Lasagnes aux haricots noirs et à la citrouille........91
42. Manicotti farcis aux blettes.................93
44. Rouleaux de lasagnes.........................98
45. Raviolis à la citrouille et aux petits pois.............100
46. Raviolis aux artichauts et aux noix..........103
47. Tortellini à la sauce à l'orange.............106
48. Lo Mein aux légumes et au tofu..............108
49. Pad Thaï....................................110
50. Spaghettis ivres au tofu....................113

TEMPEH..115

51. Spaghetti façon carbonara...................116
51. Sauté de tempeh et de légumes...............118
52. Tempeh Teriyaki.............................121
53. Tempeh au barbecue..........................123
54. Tempeh à l'orange et au bourbon.............125
55. Tempeh et patates douces....................127
56. Tempeh Créole...............................129
57. Tempeh au citron et aux câpres..............131
58. Tempeh avec glaçage à l'érable et au vinaigre balsamique. 133
59. Chili au tempeh tentant.....................135

60. TEMPEH CHASSEUR..137
61. TEMPEH INDONÉSIEN À LA SAUCE À LA NOIX DE COCO.................139
62. TEMPEH AU GINGEMBRE ET AUX CACAHUÈTES..........................141
63. TEMPEH AUX POMMES DE TERRE ET AU CHOU.........................143
64. RAGOÛT DE SUCCOTASH DU SUD....................................145
65. CASSEROLE DE JAMBALAYA AU FOUR................................147
66. TARTE AU TEMPEH ET AUX PATATES DOUCES.........................149
67. PÂTES FARCIES AUX AUBERGINES ET AU TEMPEH.....................151
68. NOUILLES DE SINGAPOUR AU TEMPEH...............................154
69. TEMPEH AU BACON...157
70. SPAGHETTI ET BOULES DE T......................................159
71. PAGLIA E FIENO AUX PETITS POIS................................162

SEITAN..164

72. SEITAN MIJOTÉ DE BASE...165
73. RÔTI DE SEITAN FARCI AU FOUR..................................167
74. RÔTI DE SEITAN..170
75. DÎNER DE THANKSGIVING COMPOSÉ PRESQUE D'UN SEUL PLAT...........172
76. SEITAN MILANAIS AU PANKO ET AU CITRON.........................175
77. SEITAN EN CROÛTE DE SÉSAME....................................177
78. SEITAN AUX ARTICHAUTS ET AUX OLIVES...........................179
79. SEITAN À LA SAUCE ANCHO-CHIPOTLE..............................181
80. SEITAN PICCATA..183
81. SEITAN AUX TROIS GRAINES......................................185
82. FAJITAS SANS FRONTIÈRES.......................................187
83. SEITAN AVEC RELISH DE POMME VERTE.............................189
84. SAUTÉ DE SEITAN, BROCOLI ET SHIITAKE..........................191
85. BROCHETTES DE SEITAN AUX PÊCHES...............................193
86. BROCHETTES DE SEITAN ET DE LÉGUMES GRILLÉS....................195
87. SEITAN EN CROÛTE..197
88. TORTA AU SEITAN ET AUX POMMES DE TERRE........................199

89. HACHIS PARMENTIER RUSTIQUE...201
90. SEITAN AUX ÉPINARDS ET AUX TOMATES..................................203
91. SEITAN ET POMMES DE TERRE FESTONNÉES............................205
92. NOUILLES SAUTÉES CORÉENNES..207
93. CHILI AUX HARICOTS ROUGES ÉPICÉS À LA JERK......................210
94. RAGOÛT DE MÉLANGE D'AUTOMNE...212
95. RIZ ITALIEN AU SEITAN...214
96. HACHIS AUX DEUX POMMES DE TERRE....................................216
97. ENCHILADAS AU SEITAN ET À LA CRÈME SURE.........................218
98. RÔTI DE SEITAN FARCI VÉGÉTALIEN...221
100. SANDWICH CUBAIN AU SEITAN...224

<u>CONCLUSION</u>..**227**

INTRODUCTION

Si vous cherchez à mélanger vos sources de protéines avec des sources végétales, ne cherchez pas plus loin que le tofu, une option végétalienne ou végétarienne facile à cuisiner. Le tofu est flexible en termes de cuisson. En effet, il existe dans une variété de textures (selon la quantité d'eau extraite) et est assez fade. Comme il est relativement insipide, il s'adapte bien aux autres saveurs sans les concurrencer.

Le tofu, également connu sous le nom de tofu de soja, est un aliment préparé en coagulant du lait de soja puis en pressant le caillé obtenu pour obtenir des blocs blancs solides de souplesse variable ; il peut être soyeux, doux, ferme, extra ferme ou super ferme. Au-delà de ces grandes catégories, il existe de nombreuses variétés de tofu. Il a une saveur subtile, il peut donc être utilisé dans des plats salés et sucrés. Il est souvent assaisonné ou mariné pour s'adapter au plat et à ses saveurs, et en raison de sa texture spongieuse, il absorbe bien les saveurs.

Si vous n'avez jamais travaillé avec du tofu auparavant, la cuisson peut être intimidante. Mais une fois que vous en savez un peu plus sur le sujet, il ne pourrait pas être plus facile de bien préparer le tofu ! Ci-dessous, vous trouverez les recettes les plus délicieuses et les plus faciles à cuisiner comme un pro !

Conseils simples pour cuisiner le tofu :

- Assurez-vous de choisir la bonne texture. Dans les épiceries, la texture varie de soyeuse à ferme et extra-ferme. Le tofu soyeux et moelleux serait mon choix pour le mélanger dans des desserts ou le trancher dans une soupe miso, mais si vous le servez en plat principal ou le garnissez dans des bols, il vous faudra du tofu extra-ferme. Il a une texture plus consistante et plus dense et contient moins d'eau que les autres types de tofu. Remarque : je préfère acheter du tofu biologique fabriqué sans soja génétiquement modifié.

- Appuyez dessus. Le tofu contient beaucoup d'eau et vous devrez en extraire la plus grande partie, surtout si vous le faites cuire au four, griller ou frire. Des presses à tofu sont disponibles dans le commerce, mais il n'est pas nécessaire d'en avoir une. Vous pouvez utiliser une pile de livres ou simplement faire ce que je fais et utiliser vos mains pour le presser légèrement dans un essuie-tout ou du papier absorbant. (Assurez-vous simplement de ne pas appuyer trop fort, sinon il s'émiettera !)

- Pimentez-le. Il y a une raison pour laquelle le tofu est critiqué pour son insipide, et c'est parce qu'il l'est ! Assurez-vous de bien l'assaisonner. Vous pouvez le faire mariner ou le préparer en utilisant une recette de tofu croustillant au four.

1. Caillé de haricots avec sauce aux huîtres

- 8 onces de tofu
- 4 onces de champignons frais 6 oignons verts
- 3 branches de céleri
- poivron rouge ou vert
- cuillères à soupe d'huile végétale 1/2 tasse d'eau
- cuillère à soupe de fécule de maïs
- cuillères à soupe de sauce aux huîtres 4 cuillères à café de xérès sec
- 4 cuillères à café de sauce soja

Couper le tofu en cubes de 1/2 pouce. Nettoyer les champignons et les couper en tranches. Couper les oignons en morceaux de 1 pouce. Couper le céleri en tranches diagonales de 1/2 pouce. Retirer les graines du poivron et couper le poivron en morceaux de 1/2 pouce.

Chauffer 1 cuillère à soupe d'huile dans un wok à feu vif. Faire cuire le tofu dans l'huile en remuant doucement jusqu'à ce qu'il soit légèrement doré, 3 minutes. Retirer de la poêle.

Chauffer la cuillère à soupe d'huile restante dans le wok à feu vif. Ajouter les champignons, les oignons, le céleri et le poivron, faire revenir pendant 1 minute.

Remettre le tofu dans le wok. Mélanger légèrement. Mélanger l'eau, la fécule de maïs, la sauce aux huîtres, le sherry et la sauce soja. Verser sur le mélange dans le wok. Cuire et

Remuer jusqu'à ébullition. Cuire en remuant encore 1 minute.

2. Tofu frit

- 1 bloc de tofu ferme
- ¼ tasse de fécule de maïs
- 4 à 5 tasses d'huile pour la friture

Égouttez le tofu et coupez-le en cubes. Enrobez-le de fécule de maïs.

Ajoutez de l'huile dans un wok préchauffé et faites chauffer à 180 °C. Lorsque l'huile est chaude, ajoutez les carrés de tofu et faites-les frire jusqu'à ce qu'ils soient dorés. Égouttez-les sur du papier absorbant.

Donne 2¾ tasses

Ce shake savoureux et nutritif est idéal pour le petit-déjeuner ou le goûter. Pour plus de saveur, ajoutez des baies de saison.

3. Caillé de haricots fermenté aux épinards

- 5 tasses de feuilles d'épinards
- 4 cubes de tofu fermenté avec des piments
- Une pincée de poudre de cinq épices (moins d' ⅛ une cuillère à café)
- 2 cuillères à soupe d'huile pour faire sauter
- 2 gousses d'ail hachées

Blanchir les épinards en plongeant brièvement les feuilles dans de l'eau bouillante. Bien égoutter.

Écrasez les cubes de tofu fermenté et ajoutez la poudre de cinq épices.

Versez de l'huile dans un wok ou une poêle préchauffée. Lorsque l'huile est chaude, ajoutez l'ail et faites revenir brièvement jusqu'à ce qu'il dégage un arôme. Ajoutez les épinards et faites revenir pendant 1 à 2 minutes. Ajoutez le tofu écrasé au milieu du wok et mélangez avec les épinards. Faites cuire et servez chaud.

4. Tofu mijoté

- 1 livre de boeuf
- 4 champignons séchés
- 8 onces de tofu pressé
- 1 tasse de sauce soja légère
- ¼ tasse de sauce soja foncée
- ¼ tasse de vin de riz chinois ou de xérès sec
- 2 cuillères à soupe d'huile pour faire sauter
- 2 tranches de gingembre
- 2 gousses d'ail hachées
- 2 tasses d'eau
- 1 anis étoilé

Coupez le bœuf en fines tranches. Faites tremper les champignons séchés dans de l'eau chaude pendant au moins 20 minutes pour les attendrir. Pressez-les doucement pour éliminer l'excès d'eau et coupez-les en tranches.

Coupez le tofu en cubes de 1,25 cm. Mélangez la sauce soja claire, la sauce soja foncée, le vin de riz Konjac, le blanc et le brun et réservez.

Versez l'huile dans un wok ou une poêle préchauffée. Lorsque l'huile est chaude, ajoutez les tranches de gingembre et l'ail et faites revenir brièvement jusqu'à ce qu'ils dégagent un arôme. Ajoutez le bœuf et faites cuire jusqu'à ce qu'il soit doré. Avant que le bœuf ait fini de cuire, ajoutez les cubes de tofu et faites revenir brièvement.

Ajoutez la sauce et 2 tasses d'eau. Ajoutez l'anis étoilé. Portez à ébullition, puis baissez le feu et laissez mijoter. Après 1 heure, ajoutez les champignons séchés. Laissez mijoter encore 30 minutes ou jusqu'à ce que le liquide soit réduit. Si vous le souhaitez, retirez l'anis étoilé avant de servir.

5. Nouilles chinoises à la sauce cacahuète-sésame

- 1 lb de nouilles à la chinoise
- 2 cuillères à soupe d'huile de sésame foncée
  PANSEMENT:
- 6 cuillères à soupe de beurre d'arachide 1/4 tasse d'eau
- 3 cuillères à soupe de sauce soja claire 6 cuillères à soupe de sauce soja foncée
- 6 cuillères à soupe de tahini (pâte de sésame)
- 1/2 tasse d'huile de sésame foncée 2 c. à soupe de sherry
- 4 c. à thé de vinaigre de riz 1/4 tasse de miel
- 4 gousses d'ail moyennes, hachées
- 2 c. à thé de gingembre frais haché
- 2-3 cuillères à soupe d'huile de piment fort (ou quantité selon votre goût) 1/2 tasse d'eau chaude

Mélanger les flocons de piment rouge et l'huile dans une casserole à feu moyen. Porter à ébullition et éteindre immédiatement le feu. Laisser refroidir. Filtrer dans un petit récipient en verre pouvant être fermé hermétiquement. Réfrigérer.

GARNIR:

- 1 carotte, pelée
- 1/2 concombre moyen ferme, pelé, épépiné et coupé en julienne 1/2 tasse d'arachides grillées, hachées grossièrement
- 2 oignons verts, finement tranchés

Faites cuire les nouilles dans une grande casserole d'eau bouillante à feu moyen. Faites-les cuire jusqu'à ce qu'elles soient à peine tendres et encore fermes. Égouttez-les immédiatement et rincez-les à l'eau froide jusqu'à ce qu'elles soient froides. Égouttez-les bien et mélangez-les avec 2 c. à soupe d'huile de sésame foncée pour qu'elles ne collent pas ensemble.

POUR LA VINAIGRETTE : mélanger tous les ingrédients sauf l'eau chaude dans un mixeur jusqu'à obtenir une consistance lisse. Diluer avec de l'eau chaude jusqu'à obtenir une consistance de crème à fouetter.

Pour la garniture, épluchez la chair de la carotte en petits copeaux d'environ 10 cm de long. Placez-la dans de l'eau glacée pendant 30 minutes pour qu'elle s'enroule. Juste avant de servir, mélangez les nouilles avec la sauce. Garnissez de concombre, d'arachides, d'oignon vert et de boucles de carotte. Servir froid ou à température ambiante.

6. Nouilles à la mandarine

- champignons chinois séchés
- 1/2 livre de nouilles chinoises fraîches 1/4 tasse d'huile d'arachide
- cuillère à soupe de sauce hoisin 1 cuillère à soupe de sauce aux haricots
- cuillères à soupe de vin de riz ou de xérès sec 3 cuillères à soupe de sauce soja légère
- ou du miel
- 1/2 tasse de liquide de trempage réservé aux champignons 1 cuillère à café de pâte de piment
- 1 cuillère à soupe de fécule de maïs
- 1/2 poivron rouge – en cubes de 1/2 pouce
- 1/2 boîte de 8 onces de pousses de bambou entières, coupées en cubes de 1/2 pouce, rincées et égouttées 2 tasses de germes de soja
- oignon vert - finement tranché

Faites tremper les champignons chinois dans 1 1/4 tasse d'eau chaude pendant 30 minutes. Pendant qu'ils trempent, portez 4 litres d'eau à ébullition et faites cuire les nouilles pendant 3 minutes. Égouttez-les et mélangez-les avec 1 cuillère à soupe d'huile d'arachide ; réservez.

Retirer les champignons, les égoutter et réserver 1/2 tasse du liquide de trempage pour la sauce. Égoutter et jeter les pieds des champignons, hacher grossièrement les chapeaux et réserver.

Mélanger les ingrédients de la sauce dans un petit bol et réserver. Diluer la fécule de maïs dans 2 cuillères à soupe d'eau froide et réserver.

Placez le wok sur feu moyen-vif. Lorsqu'il commence à fumer, ajoutez les 3 cuillères à soupe d'huile d'arachide restantes, puis les champignons, le poivron rouge, les pousses de bambou et les germes de soja. Faites revenir 2 minutes.

Remuez la sauce et ajoutez-la au wok, puis continuez à faire revenir jusqu'à ce que le mélange commence à bouillir, environ 30 secondes.

Mélangez la fécule de maïs dissoute et ajoutez-la au wok. Continuez à remuer jusqu'à ce que la sauce épaississe, environ 1 minute. Ajoutez les nouilles et remuez jusqu'à ce qu'elles soient bien chaudes, environ 2 minutes.

Transférer dans un plat de service et parsemer d'oignons verts émincés. Servir immédiatement

7. Caillé de haricots avec sauce aux haricots et nouilles

- 8 onces de nouilles fraîches de style pékinois
- 1 bloc de 12 onces de tofu ferme
- 3 grosses tiges de bok choy ET 2 oignons verts
- ⅓ tasse de sauce soja foncée
- 2 cuillères à soupe de sauce aux haricots noirs
- 2 cuillères à café de vin de riz chinois ou de xérès sec
- 2 cuillères à café de vinaigre de riz noir
- ¼ cuillère à café de sel
- ¼ cuillère à café de pâte de piment à l'ail
- 1 cuillère à café d'huile de piment fort (page 23)
- ¼ cuillère à café d'huile de sésame

- ½ tasse d'eau
- 2 cuillères à soupe d'huile pour faire sauter
- 2 tranches de gingembre, hachées
- 2 gousses d'ail hachées
- ¼ d'oignon rouge, haché

Cuire les nouilles dans de l'eau bouillante jusqu'à ce qu'elles soient tendres. Égoutter soigneusement. Égoutter le tofu et le couper en cubes. Faire bouillir le bok choy en le plongeant brièvement dans de l'eau bouillante et en l'égouttant soigneusement. Séparer les tiges et les feuilles. Couper les oignons verts en diagonale en tranches de 1 pouce. Mélanger la sauce soja foncée, la sauce aux haricots noirs, le vin de riz Konjac, le vinaigre de riz noir, le sel, la pâte de piment avec de l'ail, l'huile de piment fort, l'huile de sésame et l'eau. Réserver.

Ajoutez de l'huile dans un wok ou une poêle préchauffée. Lorsque l'huile est chaude, ajoutez le gingembre, l'ail et les oignons verts. Faites revenir brièvement jusqu'à ce qu'ils soient aromatiques. Ajoutez l'oignon rouge et faites revenir brièvement. Poussez sur les côtés et ajoutez les tiges de bok choy. Ajoutez les feuilles et faites revenir jusqu'à ce que le bok choy soit d'un vert vif et l'oignon tendre. Si vous le souhaitez, assaisonnez avec ¼ de cuillère à café de sel

Versez la sauce au milieu du wok et portez à ébullition. Ajoutez le tofu. Laissez mijoter quelques minutes pour permettre au tofu d'absorber la sauce. Ajoutez les nouilles. Mélangez le tout et servez chaud.

8. Tofu farci aux crevettes

- ½ livre de tofu ferme
- 2 onces de crevettes cuites, décortiquées et déveinées
- ⅛ cuillère à café de sel
- Poivre au goût
- ¼ cuillère à café de fécule de maïs
- ½ tasse de bouillon de poulet
- ½ cuillère à café de vin de riz chinois ou de xérès sec
- ¼ tasse d'eau
- 2 cuillères à soupe de sauce aux huîtres
- 2 cuillères à soupe d'huile pour faire sauter
- 1 oignon vert, coupé en morceaux de 1 pouce

Égouttez le tofu. Lavez les crevettes et séchez-les avec du papier absorbant. Faites mariner les crevettes dans le sel, le poivre et la fécule de maïs pendant 15 minutes.

En tenant le couperet parallèlement à la planche à découper, coupez le tofu en deux dans le sens de la longueur. Coupez chaque moitié en 2 triangles, puis coupez chaque triangle en 2 autres triangles. Vous devriez maintenant avoir 8 triangles.

Faites une fente dans le sens de la longueur sur un côté du tofu. Farcissez-la de ¼ à ½ cuillère à café de crevettes.

Versez de l'huile dans un wok ou une poêle préchauffée. Lorsque l'huile est chaude, ajoutez le tofu. Faites revenir le tofu pendant environ 3 à 4 minutes, en le retournant au moins une fois et en veillant à ce qu'il ne colle pas au fond du wok. S'il vous reste des crevettes, ajoutez-les pendant la dernière minute de cuisson.

Ajoutez le bouillon de poulet, le vin de riz de Konjac, l'eau et la sauce aux huîtres au milieu du wok. Portez à ébullition. Baissez le feu, couvrez et laissez mijoter pendant 5 à 6 minutes. Ajoutez l'oignon vert. Servez chaud.

9. Caillé de haricots aux légumes du Sichuan

- 7 onces (2 blocs) de caillé de haricots pressé
- ¼ tasse de légumes du Sichuan en conserve
- ½ tasse de bouillon de poulet
- 1 cuillère à café de vin de riz chinois ou de xérès sec
- ½ cuillère à café de sauce soja
- 4 à 5 tasses d'huile pour la friture

Chauffer au moins 4 tasses d'huile dans un wok préchauffé à 350°F. Pendant que l'huile chauffe, couper le tofu pressé en cubes de 1 pouce. Couper les légumes du Sichuan en cubes. Mélanger le bouillon de poulet et le vin de riz et réserver.

Lorsque l'huile est chaude, ajoutez les cubes de tofu et faites-les frire jusqu'à ce qu'ils deviennent légèrement bruns. Retirez-les du wok à l'aide d'une écumoire et réservez.

Retirez toute l'huile du wok, sauf 2 cuillères à soupe. Ajoutez les légumes du Sichuan en conserve. Faites revenir pendant 1 à 2 minutes, puis poussez-les sur le côté du wok. Ajoutez le mélange de bouillon de poulet au milieu du wok et portez à ébullition. Ajoutez la sauce soja. Ajoutez le tofu pressé. Mélangez le tout, laissez mijoter quelques minutes et servez chaud.

10. Tofu braisé aux trois légumes

- 4 champignons séchés
- ¼ tasse de liquide de trempage des champignons réservé
- ⅔ tasse de champignons frais
- ½ tasse de bouillon de poulet
- 1½ cuillères à soupe de sauce aux huîtres
- 1 cuillère à café de vin de riz chinois ou de xérès sec
- 2 cuillères à soupe d'huile pour faire sauter
- 1 gousse d'ail hachée
- 1 tasse de petites carottes coupées en deux

- 2 cuillères à café de fécule de maïs mélangées à 4 cuillères à café d'eau
- ¾ livre de tofu pressé, coupé en cubes de ½ pouce

  Faire tremper les champignons séchés dans de l'eau chaude pendant au moins 20 minutes. Réserver ¼ de tasse du liquide de trempage. Couper les champignons séchés et frais en tranches.

  Mélanger le liquide de champignons réservé, le bouillon de poulet, la sauce aux huîtres et le vin de riz de Konjac. Réserver.

  Versez l'huile dans un wok ou une poêle préchauffée. Lorsque l'huile est chaude, ajoutez l'ail et faites-le revenir brièvement jusqu'à ce qu'il dégage un arôme. Ajoutez les carottes. Faites revenir pendant 1 minute, puis ajoutez les champignons et faites-les revenir.

  Ajoutez la sauce et portez à ébullition. Mélangez le mélange fécule de maïs-eau et eau et ajoutez-le à la sauce en remuant rapidement pour épaissir.

  Ajoutez les cubes de tofu. Mélangez le tout, baissez le feu et laissez mijoter 5 à 6 minutes. Servez chaud.

11. Triangles de tofu farcis au porc

- ½ livre de tofu ferme
- ¼ livre de porc haché
- ⅛ cuillère à café de sel
- Poivre au goût
- ½ cuillère à café de vin de riz chinois ou de xérès sec
- ½ tasse de bouillon de poulet
- ¼ tasse d'eau

- 2 cuillères à soupe de sauce aux huîtres
- 2 cuillères à soupe d'huile pour faire sauter
- 1 oignon vert, coupé en morceaux de 1 pouce

Égouttez le tofu. Placez le porc haché dans un bol moyen. Ajoutez le sel, le poivre et le vin de riz Konjac. Faites mariner le porc pendant 15 minutes.

En tenant le couperet parallèlement à la planche à découper, coupez le tofu en deux dans le sens de la longueur. Coupez chaque moitié en 2 triangles, puis coupez chaque triangle en 2 autres triangles. Vous devriez maintenant avoir 8 triangles.

Faites une fente dans le sens de la longueur le long d'un des bords de chaque triangle de tofu. Farcissez-la d'un quart de cuillère à café de porc haché.

Versez de l'huile dans un wok ou une poêle préchauffée. Lorsque l'huile est chaude, ajoutez le tofu. S'il vous reste du porc haché, ajoutez-le également. Faites dorer le tofu pendant environ 3 à 4 minutes, en le retournant au moins une fois et en vous assurant qu'il ne colle pas au fond du wok.

Ajoutez le bouillon de poulet, l'eau et la sauce aux huîtres au milieu du wok. Portez à ébullition. Baissez le feu, couvrez et laissez mijoter pendant 5 à 6 minutes. Ajoutez l'oignon vert. Servez chaud.

12. Pancakes aux canneberges et au sirop

Donne 4 à 6 portions

1 tasse d'eau bouillante
$1/2$ tasse de canneberges séchées sucrées
$1/2$ tasse de sirop d'érable
$1/4$ tasse de jus d'orange frais
$1/4$ tasse d'orange hachée
1 cuillère à soupe de margarine végétalienne
$1\ 1/2$ tasse de farine tout usage
1 cuillère à soupe de sucre

1 cuillère à soupe de levure chimique
$1/2$ cuillère à café de sel
1 $1/2$ tasse de lait de soja
$1/4$ tasse de tofu soyeux mou, égoutté
1 cuillère à soupe d'huile de canola ou de pépins de raisin, plus pour la friture

Dans un bol résistant à la chaleur, versez l'eau bouillante sur les canneberges et laissez-les ramollir pendant environ 10 minutes. Égouttez-les bien et réservez.

Dans une petite casserole, mélanger le sirop d'érable, le jus d'orange, l'orange et la margarine et faire chauffer à feu doux en remuant pour faire fondre la margarine. Garder au chaud. Préchauffer le four à 225°F.

Dans un grand bol, mélanger la farine, le sucre, la poudre à pâte et le sel et réserver.

Dans un robot culinaire ou un mélangeur, mélanger le lait de soja, le tofu et l'huile jusqu'à ce que le tout soit bien mélangé.

Versez les ingrédients humides dans les ingrédients secs et mélangez en quelques mouvements rapides. Incorporez les canneberges ramollies.

Sur une plaque chauffante ou une grande poêle, faites chauffer une fine couche d'huile à feu moyen-vif. Versez $1/4$ à $1/3$ tasse

Verser la pâte sur la plaque chauffante chaude. Cuire jusqu'à ce que de petites bulles apparaissent sur le dessus, 2 à 3 minutes. Retourner la crêpe et cuire jusqu'à ce que le deuxième côté soit doré, environ 2 minutes de plus. Transférer les crêpes cuites dans un plat résistant à la chaleur et garder au chaud au four pendant la cuisson du reste. Servir avec du sirop d'érable à l'orange.

13. Tofu glacé au soja

Donne 4 portions

- 1 livre de tofu extra-ferme, égoutté, coupé en tranches de $1/2$ pouce et pressé
- $1/4$ tasse d'huile de sésame grillée
- $1/4$ tasse de vinaigre de riz
- 2 cuillères à café de sucre

Séchez le tofu et disposez-le dans un plat de cuisson de 9 x 13 pouces et réservez.

Dans une petite casserole, mélanger la sauce soja, l'huile, le vinaigre et le sucre et porter à ébullition. Verser la marinade chaude sur le tofu et laisser mariner 30 minutes en le retournant une fois.

Préchauffez le four à 180 °C (350 °F). Faites cuire le tofu pendant 30 minutes, en le retournant une fois à mi-cuisson. Servez immédiatement ou laissez refroidir à température ambiante, puis couvrez et réfrigérez jusqu'à utilisation.

14. Tofu à la cajun

Donne 4 portions

- 1 livre de tofu extra-ferme, égoutté et séché
- Sel
- 1 cuillère à soupe plus 1 cuillère à café d'assaisonnement cajun
- 2 cuillères à soupe d'huile d'olive
- $1/4$ tasse de poivron vert émincé
- 1 cuillère à soupe de céleri haché

- 2 cuillères à soupe d'oignon vert émincé
- 2 gousses d'ail hachées
- 1 boîte (14,5 onces) de tomates en dés, égouttées
- 1 cuillère à soupe de sauce soja
- 1 cuillère à soupe de persil frais haché

Coupez le tofu en tranches de $1/2$ pouce d'épaisseur et saupoudrez les deux côtés de sel et de 1 cuillère à soupe d'assaisonnement cajun. Réservez.

Dans une petite casserole, faites chauffer 1 cuillère à soupe d'huile à feu moyen. Ajoutez le poivron et le céleri. Couvrez et laissez cuire 5 minutes. Ajoutez l'oignon vert et l'ail et faites cuire à découvert 1 minute de plus. Incorporez les tomates, la sauce soja, le persil, la cuillère à café restante du mélange d'épices cajun et du sel au goût. Laissez mijoter 10 minutes pour mélanger les saveurs et réservez.

Dans une grande poêle, faites chauffer la cuillère à soupe d'huile restante à feu moyen-vif. Ajoutez le tofu et faites-le cuire jusqu'à ce qu'il soit doré des deux côtés, environ 10 minutes. Ajoutez la sauce et laissez mijoter 5 minutes. Servez immédiatement.

15. Tofu croustillant avec sauce aux câpres grésillante

Donne 4 portions

- 1 livre de tofu extra-ferme, égoutté, coupé en tranches de $1/4$ pouce et pressé
- Sel et poivre noir fraîchement moulu
- 2 cuillères à soupe d'huile d'olive, plus si nécessaire
- 1 échalote moyenne, hachée
- 2 cuillères à soupe de câpres
- 3 cuillères à soupe de persil frais haché
- 2 cuillères à soupe de margarine végétalienne
- Jus d'un citron

Préchauffez le four à 140 °C. Séchez le tofu et assaisonnez-le de sel et de poivre au goût. Placez la fécule de maïs dans un bol peu profond. Trempez le tofu dans la fécule de maïs, en l'enrobant de tous les côtés.

Dans une grande poêle, faites chauffer 2 cuillères à soupe d'huile à feu moyen. Ajoutez le tofu, par lots si nécessaire, et faites-le cuire jusqu'à ce qu'il soit doré des deux côtés, environ 4 minutes de chaque côté. Transférez le tofu frit dans un plat résistant à la chaleur et gardez-le au chaud au four.

Dans la même poêle, faites chauffer la cuillère à soupe d'huile restante à feu moyen. Ajoutez l'échalote et faites cuire jusqu'à ce qu'elle soit tendre, environ 3 minutes. Ajoutez les câpres et le persil et faites cuire pendant 30 secondes, puis incorporez la margarine, le jus de citron, le sel et le poivre au goût, en remuant pour faire fondre et incorporer la margarine. Garnissez le tofu de sauce aux câpres et servez immédiatement.

16. Tofu frit à la campagne avec sauce dorée

Donne 4 portions

- 1 livre de tofu extra-ferme, égoutté, coupé en tranches de $1/2$ pouce et pressé
- Sel et poivre noir fraîchement moulu
- $1/3$ tasse de fécule de maïs
- 2 cuillères à soupe d'huile d'olive
- 1 oignon jaune moyen doux, haché
- 2 cuillères à soupe de farine tout usage
- 1 cuillère à café de thym séché
- $1/8$ cuillère à café de curcuma
- 1 tasse de bouillon de légumes, maison (voir Bouillon de légumes léger) ou du commerce
- 1 cuillère à soupe de sauce soja

- 1 tasse de pois chiches cuits ou en conserve, égouttés et rincés
- 2 cuillères à soupe de persil frais haché, pour la garniture

Séchez le tofu et assaisonnez-le de sel et de poivre selon votre goût. Placez la fécule de maïs dans un bol peu profond. Trempez le tofu dans la fécule de maïs, en l'enrobant de tous les côtés. Préchauffez le four à 120 °C (250 °F).

Dans une grande poêle, faites chauffer 2 cuillères à soupe d'huile à feu moyen. Ajoutez le tofu, par lots si nécessaire, et faites-le cuire jusqu'à ce qu'il soit doré des deux côtés, environ 10 minutes. Transférez le tofu frit dans un plat résistant à la chaleur et gardez-le au chaud au four.

Dans la même poêle, faites chauffer la cuillère à soupe d'huile restante à feu moyen. Ajoutez l'oignon, couvrez et faites cuire jusqu'à ce qu'il soit tendre, 5 minutes. Découvrez et réduisez le feu à doux. Incorporez la farine, le thym et le curcuma et faites cuire pendant 1 minute en remuant constamment. Incorporez lentement le bouillon, puis le lait de soja et la sauce soja. Ajoutez les pois chiches et assaisonnez de sel et de poivre au goût. Continuez à cuire en remuant fréquemment pendant 2 minutes. Transférez dans un mélangeur et mixez jusqu'à obtenir une consistance lisse et crémeuse. Remettez dans la casserole et faites chauffer jusqu'à ce que le mélange soit chaud, en ajoutant un peu plus de bouillon si la sauce est trop épaisse. Versez la sauce sur le tofu et saupoudrez de persil. Servez immédiatement.

17. Tofu et asperges glacés à l'orange

Donne 4 portions

- 2 cuillères à soupe de mirin
- 1 cuillère à soupe de fécule de maïs
- 1 paquet (16 onces) de tofu extra-ferme, égoutté et coupé en lanières de $1/4$ pouce
- 2 cuillères à soupe de sauce soja
- 1 cuillère à café d'huile de sésame grillée
- 1 cuillère à café de sucre
- $1/4$ cuillère à café de pâte de piment asiatique
- 2 cuillères à soupe d'huile de canola ou de pépins de raisin
- 1 gousse d'ail hachée
- $1/2$ cuillère à café de gingembre frais haché

- 5 onces d'asperges fines, extrémités dures parées et coupées en morceaux de 1 $^1/_2$ pouce

Dans un bol peu profond, mélanger le mirin et la fécule de maïs. Ajouter le tofu et mélanger délicatement pour l'enrober. Laisser mariner pendant 30 minutes.

Dans un petit bol, mélanger le jus d'orange, la sauce soja, l'huile de sésame, le sucre et la pâte de piment. Réserver.

Dans une grande poêle ou un wok, faites chauffer l'huile de canola à feu moyen. Ajoutez l'ail et le gingembre et faites revenir jusqu'à ce qu'ils soient parfumés, environ 30 secondes. Ajoutez le tofu mariné et les asperges et faites revenir jusqu'à ce que le tofu soit doré et que les asperges soient tendres, environ 5 minutes. Incorporez la sauce et laissez cuire environ 2 minutes de plus. Servez immédiatement.

18. Pizzaïola au tofu

Donne 4 portions

- 2 cuillères à soupe d'huile d'olive
- 1 paquet (16 onces) de tofu extra-ferme, égoutté, coupé en tranches de $1/2$ pouce et pressé (voir Bouillon de légumes léger)
- Sel
- 3 gousses d'ail hachées
- 1 boîte (14,5 onces) de tomates en dés, égouttées
- $1/4$ tasse de tomates séchées au soleil conservées dans l'huile, coupées en lanières de $1/4$ pouce
- 1 cuillère à soupe de câpres
- 1 cuillère à café d'origan séché
- $1/2$ cuillère à café de sucre

- Poivre noir fraîchement moulu
- 2 cuillères à soupe de persil frais haché, pour la garniture

Préchauffer le four à 140 °C (275 °F). Dans une grande poêle, faire chauffer 1 cuillère à soupe d'huile à feu moyen. Ajouter le tofu et cuire jusqu'à ce qu'il soit doré des deux côtés, en le retournant une fois, environ 5 minutes de chaque côté. Saupoudrer le tofu de sel au goût. Transférer le tofu frit dans un plat résistant à la chaleur et garder au chaud dans le four.

Dans la même poêle, faites chauffer la cuillère à soupe d'huile restante à feu moyen. Ajoutez l'ail et faites cuire jusqu'à ce qu'il soit tendre, environ 1 minute. Ne le faites pas dorer. Incorporez les tomates en dés, les tomates séchées au soleil, les olives et les câpres. Ajoutez l'origan, le sucre, le sel et le poivre au goût. Laissez mijoter jusqu'à ce que la sauce soit chaude et que les saveurs soient bien mélangées, environ 10 minutes. Garnissez les tranches de tofu frites de sauce et saupoudrez de persil. Servez immédiatement.

19. Tofu « Ka-Pow »

Donne 4 portions

- 1 livre de tofu extra-ferme, égoutté, séché et coupé en cubes de 1 pouce
- Sel
- 2 cuillères à soupe de fécule de maïs
- 2 cuillères à soupe de sauce soja
- 1 cuillère à soupe de sauce aux huîtres végétarienne

- 2 cuillères à café de Nothin' Fishy Nam Pla ou 1 cuillère à café de vinaigre de riz
- 1 cuillère à café de sucre brun clair
- $1/2$ cuillère à café de piment rouge écrasé
- 2 cuillères à soupe d'huile de canola ou de pépins de raisin
- 1 oignon jaune moyen doux, coupé en deux et coupé en tranches de $1/2$ pouce
- poivron rouge moyen, coupé en tranches de $1/4$ pouce
- oignons verts, hachés
- $1/2$ tasse de feuilles de basilic thaï

Dans un bol moyen, mélanger le tofu, le sel au goût et la fécule de maïs. Mélanger pour enrober et réserver.

Dans un petit bol, mélanger la sauce soja, la sauce aux huîtres, le nam pla, le sucre et le piment rouge broyé. Bien mélanger et réserver.

Dans une grande poêle, faites chauffer 1 cuillère à soupe d'huile à feu moyen-vif. Ajoutez le tofu et faites-le cuire jusqu'à ce qu'il soit doré, environ 8 minutes. Retirez-le de la poêle et réservez.

Dans la même poêle, faites chauffer la cuillère à soupe d'huile restante à feu moyen. Ajoutez l'oignon et le poivron et faites revenir jusqu'à ce qu'ils soient tendres, environ 5 minutes. Ajoutez les oignons verts et faites cuire 1 minute de plus. Incorporez le tofu frit, la sauce et le basilic et faites revenir jusqu'à ce que le tout soit chaud, environ 3 minutes. Servez immédiatement.

20. Tofu à la sicilienne

Donne 4 portions

- 2 cuillères à soupe d'huile d'olive
- 1 livre de tofu extra-ferme, égoutté, coupé en tranches de $1/4$ pouce et pressé Sel et poivre noir fraîchement moulu
- 1 petit oignon jaune, haché
- 2 gousses d'ail hachées
- 1 boîte (28 onces) de tomates en dés, égouttées
- $1/4$ tasse de vin blanc sec
- $1/4$ cuillère à café de piment rouge broyé
- $1/3$ tasse d'olives Kalamata dénoyautées
- 1 $1/2$ cuillères à soupe de câpres

- 2 cuillères à soupe de basilic frais haché ou 1 cuillère à café séché (facultatif)

Préchauffer le four à 120 °C (250 °F). Dans une grande poêle, faire chauffer 1 cuillère à soupe d'huile à feu moyen. Ajouter le tofu, par lots si nécessaire, et cuire jusqu'à ce qu'il soit doré des deux côtés, 5 minutes de chaque côté. Assaisonner de sel et de poivre noir au goût. Transférer le tofu cuit dans un plat résistant à la chaleur et garder au chaud au four pendant que vous préparez la sauce.

Dans la même poêle, faites chauffer la cuillère à soupe d'huile restante à feu moyen. Ajoutez l'oignon et l'ail, couvrez et faites cuire jusqu'à ce que l'oignon soit tendre, 10 minutes. Ajoutez les tomates, le vin et le piment rouge écrasé. Portez à ébullition, puis réduisez le feu à doux et laissez mijoter à découvert pendant 15 minutes. Incorporez les olives et les câpres. Laissez cuire encore 2 minutes.

Disposer le tofu sur un plat ou des assiettes individuelles. Verser la sauce dessus. Parsemer de basilic frais si vous en utilisez. Servir immédiatement.

21. Sauté de Phoon Thaïlandais

Donne 4 portions

- 1 livre de tofu extra-ferme, égoutté et épongé
- 2 cuillères à soupe d'huile de canola ou de pépins de raisin
- échalotes moyennes, coupées en deux dans le sens de la longueur et coupées en tranches de $1/8$ po
- 2 gousses d'ail hachées
- 2 cuillères à café de gingembre frais râpé
- 3 onces de chapeaux de champignons blancs, légèrement rincés, séchés et coupés en tranches de $1/2$ pouce
- 1 cuillère à soupe de beurre de cacahuète crémeux
- 2 cuillères à café de sucre brun clair

- 1 cuillère à café de pâte de piment asiatique
- 2 cuillères à soupe de sauce soja
- 1 cuillère à soupe de mirin
- 1 boîte (13,5 onces) de lait de coco non sucré
- 6 onces d'épinards frais hachés
- 1 cuillère à soupe d'huile de sésame grillée
- Riz ou nouilles fraîchement cuits, à servir
- 2 cuillères à soupe de basilic thaï frais ou de coriandre finement hachée
- 2 cuillères à soupe de cacahuètes grillées non salées écrasées
- 2 cuillères à café de gingembre confit haché (facultatif)

Coupez le tofu en dés de $1/2$ pouce et réservez. Dans une grande poêle, faites chauffer 1 cuillère à soupe d'huile feu moyen-vif. Ajoutez le tofu et faites-le revenir jusqu'à ce qu'il soit doré, environ 7 minutes. Retirez le tofu de la poêle et réservez.

Dans la même poêle, faites chauffer la cuillère à soupe d'huile restante à feu moyen. Ajoutez les échalotes, l'ail, le gingembre et les champignons et faites revenir jusqu'à ce qu'ils soient tendres, environ 4 minutes.

Incorporer le beurre de cacahuète, le sucre, la pâte de piment, la sauce soja et le mirin. Incorporer le lait de coco et mélanger jusqu'à ce que le tout soit bien mélangé. Ajouter le tofu frit et les épinards et porter à ébullition. Réduire le feu à moyen-doux et laisser mijoter, en remuant de temps en temps, jusqu'à ce que les épinards soient fanés et que les saveurs soient bien mélangées, 5 à 7 minutes. Incorporer l'huile de sésame et laisser mijoter encore une minute. Pour servir, verser le mélange de tofu sur le riz ou les nouilles de votre choix et garnir de noix de coco, de basilic, de cacahuètes et de gingembre confit, si vous en utilisez. Servir immédiatement.

22. Tofu cuit au four peint au chipotle

Donne 4 portions

- 2 cuillères à soupe de sauce soja
- 2 piments chipotle en conserve en adobo
- 1 cuillère à soupe d'huile d'olive
- 1 livre de tofu extra-ferme, égoutté, coupé en tranches de $1/2$ pouce d'épaisseur et pressé (voir Bouillon de légumes léger)

Préchauffer le four à 375°F. Huiler légèrement un moule à pâtisserie de 9 x 13 pouces et réserver.

Dans un robot culinaire, mélanger la sauce soja, les chipotles et l'huile jusqu'à obtenir un mélange homogène. Gratter le mélange de chipotles dans un petit bol.

Badigeonnez les tranches de tofu du mélange chipotle des deux côtés et disposez-les en une seule couche dans le plat préparé. Faites cuire au four jusqu'à ce qu'elles soient chaudes, environ 20 minutes. Servez immédiatement.

23. Tofu grillé avec glaçage au tamarin

Donne 4 portions

- 1 livre de tofu extra-ferme, égoutté et séché
- Sel et poivre noir fraîchement moulu
- 2 cuillères à soupe d'huile d'olive
- 2 échalotes moyennes, hachées
- 2 gousses d'ail hachées
- 2 tomates mûres, hachées grossièrement
- 2 cuillères à soupe de ketchup
- $1/4$ tasse d'eau
- 2 cuillères à soupe de moutarde de Dijon
- 1 cuillère à soupe de sucre brun foncé
- 2 cuillères à soupe de nectar d'agave
- 2 cuillères à soupe de concentré de tamarin
- 1 cuillère à soupe de mélasse noire
- $1/2$ cuillère à café de poivre de Cayenne moulu

- 1 cuillère à soupe de paprika fumé
- 1 cuillère à soupe de sauce soja

Coupez le tofu en tranches de 1 pouce, assaisonnez de sel et de poivre au goût et réservez dans un plat de cuisson peu profond.

Dans une grande casserole, faire chauffer l'huile à feu moyen. Ajouter les échalotes et l'ail et faire revenir pendant 2 minutes. Ajouter tous les ingrédients restants, sauf le tofu. Réduire le feu à doux et laisser mijoter pendant 15 minutes. Transférer le mélange dans un mélangeur ou un robot culinaire et mélanger jusqu'à obtenir une consistance lisse. Remettre dans la casserole et cuire 15 minutes de plus, puis laisser refroidir. Verser la sauce sur le tofu et réfrigérer pendant au moins 2 heures. Préchauffer un gril ou un four à rôtir.

Faites griller le tofu mariné en le retournant une fois pour le réchauffer et le faire dorer joliment des deux côtés. Pendant que le tofu grille, réchauffez la marinade dans une casserole. Retirez le tofu du gril, badigeonnez chaque côté de sauce au tamarin et servez immédiatement.

24. Tofu farci au cresson

Donne 4 portions

- 1 livre de tofu extra-ferme, égoutté, coupé en tranches de ¾ de pouce et pressé (voir Bouillon de légumes léger)
- Sel et poivre noir fraîchement moulu
- 1 petit bouquet de cresson, tiges dures retirées et hachées
- 2 tomates prunes mûres, hachées
- $1/2$ tasse d'oignons verts émincés
- 2 cuillères à soupe de persil frais haché
- 2 cuillères à soupe de basilic frais haché
- 1 cuillère à café d'ail émincé
- 2 cuillères à soupe d'huile d'olive
- 1 cuillère à soupe de vinaigre balsamique
- Pincée de sucre

- $1/2$ tasse de farine tout usage
- $1/2$ tasse d'eau
- 1 $1/2$ tasse de chapelure sèche non assaisonnée

Découpez une longue poche profonde sur le côté de chaque tranche de tofu et placez le tofu sur une plaque à pâtisserie. Assaisonnez avec du sel et du poivre selon votre goût et réservez.

Dans un grand bol, mélanger le cresson, les tomates, les oignons verts, le persil, le basilic, l'ail, 2 cuillères à soupe d'huile, le vinaigre, le sucre, le sel et le poivre au goût. Mélanger jusqu'à ce que le tout soit bien mélangé, puis farcir soigneusement les poches de tofu avec le mélange.

Mettez la farine dans un bol peu profond. Versez l'eau dans un autre bol peu profond. Placez la chapelure sur une grande assiette. Trempez le tofu dans la farine, puis plongez-le soigneusement dans l'eau, puis trempez-le dans la chapelure en l'enrobant soigneusement.

Dans une grande poêle, faites chauffer les 2 cuillères à soupe d'huile restantes à feu moyen. Ajoutez le tofu farci dans la poêle et faites-le cuire jusqu'à ce qu'il soit doré, en le retournant une fois, 4 à 5 minutes de chaque côté. Servez immédiatement.

25. Tofu aux pistaches et à la grenade

Donne 4 portions

- 1 livre de tofu extra-ferme, égoutté, coupé en tranches de $1/4$ pouce et pressé (voir Bouillon de légumes léger)
- Sel et poivre noir fraîchement moulu
- 2 cuillères à soupe d'huile d'olive
- $1/2$ tasse de jus de grenade
- 1 cuillère à soupe de vinaigre balsamique
- 1 cuillère à soupe de sucre brun clair
- 2 oignons verts, hachés
- $1/2$ tasse de pistaches décortiquées non salées, hachées grossièrement

- Assaisonnez le tofu avec du sel et du poivre selon votre goût.

Dans une grande poêle, faites chauffer l'huile à feu moyen. Ajoutez les tranches de tofu, par lots si nécessaire, et faites-les cuire jusqu'à ce qu'elles soient légèrement dorées, environ 4 minutes de chaque côté. Retirez-les de la poêle et réservez.

Dans la même poêle, ajoutez le jus de grenade, le vinaigre, le sucre et les oignons verts et laissez mijoter à feu moyen pendant 5 minutes. Ajoutez la moitié des pistaches et faites cuire jusqu'à ce que la sauce épaississe légèrement, environ 5 minutes.

Remettez le tofu frit dans la poêle et faites-le cuire jusqu'à ce qu'il soit chaud, environ 5 minutes, en versant la sauce sur le tofu pendant qu'il mijote. Servez immédiatement, parsemé des pistaches restantes.

26. Tofu aux épices de l'île

Donne 4 portions

- $1/2$ tasse de fécule de maïs
- $1/2$ cuillère à café de thym frais haché ou $1/4$ cuillère à café de thym séché
- $1/2$ cuillère à café de marjolaine fraîche hachée ou $1/4$ cuillère à café de marjolaine séchée
- $1/2$ cuillère à café de sel
- $1/4$ cuillère à café de poivre de Cayenne moulu
- $1/4$ cuillère à café de paprika doux ou fumé
- $1/4$ cuillère à café de sucre brun clair
- $1/8$ cuillère à café de piment de la Jamaïque moulu
- 1 livre de tofu extra-ferme, égoutté et coupé en lanières de $1/2$ pouce
- 2 cuillères à soupe d'huile de canola ou de pépins de raisin
- 1 poivron rouge moyen, coupé en lanières de $1/4$ pouce
- 2 oignons verts, hachés
- 1 gousse d'ail, hachée
- 1 piment jalapeño, épépiné et haché

- 2 tomates prunes mûres, épépinées et hachées
- 1 tasse d'ananas frais ou en conserve haché
- 2 cuillères à soupe de sauce soja
- $1/4$ tasse d'eau
- 2 cuillères à café de jus de citron vert frais
- 1 cuillère à soupe de persil frais haché, pour la garniture

Dans un bol peu profond, mélanger la fécule de maïs, le thym, la marjolaine, le sel, le poivre de Cayenne, le paprika, le sucre et le piment de la Jamaïque. Bien mélanger. Tremper le tofu dans le mélange d'épices, en l'enrobant de tous les côtés. Préchauffer le four à 120 °C (250 °F).

Dans une grande poêle, faites chauffer 2 cuillères à soupe d'huile à feu moyen. Ajoutez le tofu en dés, par lots si nécessaire, et faites cuire jusqu'à ce qu'il soit doré, environ 4 minutes de chaque côté. Transférez le tofu frit dans un plat résistant à la chaleur et gardez-le au chaud au four.

Dans la même poêle, faites chauffer la cuillère à soupe d'huile restante à feu moyen. Ajoutez le poivron, les oignons verts, l'ail et le jalapeño. Couvrez et faites cuire, en remuant de temps en temps, jusqu'à ce qu'ils soient tendres, environ 10 minutes. Ajoutez les tomates, l'ananas, la sauce soja, l'eau et le jus de citron vert et laissez mijoter jusqu'à ce que le mélange soit chaud et que les saveurs se soient combinées, environ 5 minutes. Versez le mélange de légumes sur le dessus . le tofu frit. Parsemez de persil haché et servez aussitôt.

27. Tofu au gingembre avec sauce hoisin aux agrumes

Donne 4 portions

- 1 livre de tofu extra-ferme, égoutté, séché et coupé en cubes de $1/2$ pouce
- 2 cuillères à soupe de sauce soja
- 2 cuillères à soupe plus 1 cuillère à café de fécule de maïs
- 1 cuillère à soupe plus 1 cuillère à café d'huile de canola ou de pépins de raisin
- 1 cuillère à café d'huile de sésame grillée
- 2 cuillères à café de gingembre frais râpé
- oignons verts, hachés
- $1/3$ tasse de sauce hoisin
- $1/2$ tasse de bouillon de légumes, maison (voir Bouillon de légumes léger) ou du commerce
- $1/4$ tasse de jus d'orange frais

- 1 $^1/_2$ cuillères à soupe de jus de citron vert frais
- 1 $^1/_2$ cuillères à soupe de jus de citron frais
- Sel et poivre noir fraîchement moulu

Placez le tofu dans un bol peu profond. Ajoutez la sauce soja et mélangez pour bien enrober, puis saupoudrez de 2 cuillères à soupe de fécule de maïs et mélangez pour bien enrober.

Dans une grande poêle, faites chauffer 1 cuillère à soupe d'huile de canola à feu moyen. Ajoutez le tofu et faites-le cuire jusqu'à ce qu'il soit doré, en le retournant de temps en temps, pendant environ 10 minutes. Retirez le tofu de la poêle et réservez-le.

Dans la même poêle, faites chauffer la cuillère à café restante d'huile de canola et l'huile de sésame à feu moyen. Ajoutez le gingembre et les oignons verts et faites cuire jusqu'à ce qu'ils soient parfumés, environ 1 minute. Incorporez la sauce hoisin, le bouillon et le jus d'orange et portez à ébullition. Faites cuire jusqu'à ce que le liquide soit légèrement réduit et que les saveurs aient le temps de se mélanger, environ 3 minutes. Dans un petit bol, mélangez la cuillère à café restante de fécule de maïs avec le jus de citron vert et le jus de citron et ajoutez à la sauce en remuant pour épaissir légèrement. Assaisonnez avec du sel et du poivre au goût.

Remettez le tofu frit dans la poêle et faites-le cuire jusqu'à ce qu'il soit enrobé de sauce et bien chaud. Servez immédiatement.

28. Tofu à la citronnelle et aux pois mange-tout

Donne 4 portions

- 2 cuillères à soupe d'huile de canola ou de pépins de raisin
- 1 oignon rouge moyen, coupé en deux et tranché finement
- 2 gousses d'ail hachées
- 1 cuillère à café de gingembre frais râpé
- 1 livre de tofu extra-ferme, égoutté et coupé en dés de $^1/_2$ pouce
- 2 cuillères à soupe de sauce soja
- 1 cuillère à soupe de mirin ou de saké

- 1 cuillère à café de sucre
- $^{1}/_{2}$ cuillère à café de piment rouge broyé
- 4 onces de pois mange-tout, parés
- 1 cuillère à soupe de citronnelle hachée ou de zeste de 1 citron
- 2 cuillères à soupe de cacahuètes grillées non salées grossièrement moulues, pour la garniture

Dans une grande poêle ou un wok, faites chauffer l'huile à feu moyen-vif. Ajoutez l'oignon, l'ail et le gingembre et faites revenir pendant 2 minutes. Ajoutez le tofu et faites cuire jusqu'à ce qu'il soit doré, environ 7 minutes.

Incorporez la sauce soja, le mirin, le sucre et le piment rouge écrasé. Ajoutez les pois mange-tout et la citronnelle et faites revenir jusqu'à ce que les pois mange-tout soient tendres et croustillants et que les saveurs soient bien mélangées, environ 3 minutes. Garnissez de cacahuètes et servez immédiatement.

29. Tofu double sésame avec sauce tahini

Donne 4 portions

- $1/2$ tasse de tahini (pâte de sésame)
- 2 cuillères à soupe de jus de citron frais
- 2 cuillères à soupe de sauce soja
- 2 cuillères à soupe d'eau
- $1/4$ tasse de graines de sésame blanches
- $1/4$ tasse de graines de sésame noires
- $1/2$ tasse de fécule de maïs
- 1 livre de tofu extra-ferme, égoutté, séché et coupé en lanières de $1/2$ pouce
- Sel et poivre noir fraîchement moulu
- 2 cuillères à soupe d'huile de canola ou de pépins de raisin

Dans un petit bol, mélanger le tahini, le jus de citron, la sauce soja et l'eau, en remuant pour bien mélanger. Réserver.

Dans un bol peu profond, mélanger les graines de sésame blanches et noires et la fécule de maïs en remuant pour bien mélanger. Assaisonner le tofu avec du sel et du poivre selon votre goût. Réserver.

Dans une grande poêle, faites chauffer l'huile à feu moyen. Trempez le tofu dans le mélange de graines de sésame jusqu'à ce qu'il soit bien enrobé, puis ajoutez-le dans la poêle chaude et faites-le cuire jusqu'à ce qu'il soit doré et croustillant de tous les côtés, en le retournant au besoin, 3 à 4 minutes de chaque côté. Veillez à ne pas brûler les graines. Arrosez de sauce tahini et servez immédiatement.

30. Ragoût de tofu et d'edamame

Donne 4 portions

- 2 cuillères à soupe d'huile d'olive
- 1 oignon jaune moyen, haché
- $1/2$ tasse de céleri haché
- 2 gousses d'ail hachées
- 2 pommes de terre Yukon Gold moyennes, pelées et coupées en dés de $1/2$ pouce
- 1 tasse d'edamame frais ou surgelé décortiqué
- 2 tasses de courgettes pelées et coupées en dés
- $1/2$ tasse de petits pois surgelés
- 1 cuillère à café de sarriette séchée
- $1/2$ cuillère à café de sauge séchée émiettée
- $1/8$ cuillère à café de poivre de Cayenne moulu
- 1 $1/2$ tasse de bouillon de légumes, maison (voir Bouillon de légumes léger) ou du commerce Sel et poivre noir fraîchement moulu

- 1 livre de tofu extra-ferme, égoutté, séché et coupé en dés de $1/2$ pouce
- 2 cuillères à soupe de persil frais haché

Dans une grande casserole, faites chauffer 1 cuillère à soupe d'huile à feu moyen. Ajoutez l'oignon, le céleri et l'ail. Couvrez et laissez cuire jusqu'à ce qu'ils soient tendres, environ 10 minutes. Incorporez les pommes de terre, l'edamame, les courgettes, les pois, la sarriette, la sauge et le poivre de Cayenne. Ajoutez le bouillon et portez à ébullition. Réduisez le feu à doux et assaisonnez de sel et de poivre au goût. Couvrez et laissez mijoter jusqu'à ce que les légumes soient tendres et que les saveurs soient bien mélangées, environ 40 minutes.

Dans une grande poêle, faites chauffer la cuillère à soupe d'huile restante à feu moyen-vif. Ajoutez le tofu et faites-le cuire jusqu'à ce qu'il soit doré, environ 7 minutes. Assaisonnez de sel et de poivre au goût et réservez. Environ 10 minutes avant la fin de la cuisson du ragoût, ajoutez le tofu frit et le persil. Goûtez, rectifiez l'assaisonnement si nécessaire et servez immédiatement.

31. Escalopes de rêve au soja et au tan

Donne 6 portions

- 10 onces de tofu ferme, égoutté et émietté
- 2 cuillères à soupe de sauce soja
- $1/4$ cuillère à café de paprika doux
- $1/4$ cuillère à café de poudre d'oignon
- $1/4$ cuillère à café de poudre d'ail
- $1/4$ cuillère à café de poivre noir fraîchement moulu
- 1 tasse de farine de gluten de blé (gluten de blé vital)
- 2 cuillères à soupe d'huile d'olive

Dans un robot culinaire, mélanger le tofu, la sauce soja, le paprika, la poudre d'oignon, la poudre d'ail, le poivre et la farine. Mélanger jusqu'à ce que le mélange soit homogène. Transférer le mélange sur une surface de travail plane et façonner en un cylindre. Diviser le mélange en 6 morceaux égaux et les aplatir en escalopes très fines, d'une épaisseur maximale de $1/4$ po. (Pour ce faire, placer chaque escalope entre deux morceaux de papier ciré, de pellicule plastique ou de papier sulfurisé et étaler à plat avec un rouleau à pâtisserie.)

Dans une grande poêle, faites chauffer l'huile à feu moyen. Ajoutez les escalopes, par lots si nécessaire, couvrez et faites cuire jusqu'à ce qu'elles soient bien dorées des deux côtés, 5 à 6 minutes de chaque côté. Les escalopes sont maintenant prêtes à être utilisées dans des recettes ou servies immédiatement, nappées d'une sauce.

32. Mon genre de pain de viande

Donne 4 à 6 portions

- 2 cuillères à soupe d'huile d'olive
- $^2/_3$ tasse d'oignon émincé
- 2 gousses d'ail hachées
- 1 livre de tofu extra-ferme, égoutté et séché
- 2 cuillères à soupe de ketchup

- 2 cuillères à soupe de tahini (pâte de sésame) ou de beurre de cacahuète crémeux
- 2 cuillères à soupe de sauce soja
- $1/2$ tasse de noix moulues
- 1 tasse de flocons d'avoine à l'ancienne
- 1 tasse de farine de gluten de blé (gluten de blé vital)
- 2 cuillères à soupe de persil frais haché
- $1/2$ cuillère à café de sel
- $1/2$ cuillère à café de paprika doux
- $1/4$ cuillère à café de poivre noir fraîchement moulu

Préchauffer le four à 190 °C (375 °F). Huiler légèrement un moule à pain de 23 cm (9 po) et réserver. Dans une grande poêle, faire chauffer 1 cuillère à soupe d'huile à feu moyen. Ajouter l'oignon et l'ail, couvrir et cuire jusqu'à ce qu'ils soient tendres, 5 minutes.

Dans un robot culinaire, mélanger le tofu, le ketchup, le tahini et la sauce soja jusqu'à obtenir une consistance lisse. Ajouter le mélange d'oignons réservé et tous les ingrédients restants. Mélanger jusqu'à ce que le mélange soit homogène, mais avec un peu de texture restante.

Versez le mélange dans le moule préparé. Pressez fermement le mélange dans le moule, en lissant le dessus. Faites cuire jusqu'à ce que le mélange soit ferme et doré, environ 1 heure. Laissez reposer 10 minutes avant de trancher.

33. Pain perdu très vanillé

Donne 4 portions

1 paquet (12 onces) de tofu soyeux ferme, égoutté
1 $1/2$ tasse de lait de soja
2 cuillères à soupe de fécule de maïs
1 cuillère à soupe d'huile de canola ou de pépins de raisin
2 cuillères à café de sucre
1 $1/2$ cuillères à café d'extrait de vanille pure
$1/4$ cuillère à café de sel
4 tranches de pain italien de la veille
Huile de canola ou de pépins de raisin, pour la friture

Préchauffer le four à 225°F. Dans un mélangeur ou un robot culinaire, mélanger le tofu, le lait de soja, la fécule de maïs, l'huile, le sucre, la vanille et le sel jusqu'à obtenir une consistance lisse.

Versez la pâte dans un bol peu profond et trempez le pain dans la pâte, en le retournant pour enrober les deux côtés.

Sur une plaque chauffante ou une grande poêle, faites chauffer une fine couche d'huile à feu moyen. Placez le pain perdu sur la plaque chaude et faites-le cuire jusqu'à ce qu'il soit doré des deux côtés, en le retournant une fois, 3 à 4 minutes de chaque côté.

Transférez le pain perdu cuit dans un plat résistant à la chaleur et gardez-le au chaud au four pendant la cuisson du reste.

34. Tartinade de petit-déjeuner au sésame et au soja

Donne environ 1 tasse

$1/2$ tasse de tofu mou, égoutté et séché
2 cuillères à soupe de tahini (pâte de sésame)
2 cuillères à soupe de levure nutritionnelle
1 cuillère à soupe de jus de citron frais
2 cuillères à café d'huile de lin
1 cuillère à café d'huile de sésame grillée
$1/2$ cuillère à café de sel

Dans un mixeur ou un robot culinaire, mélanger tous les ingrédients jusqu'à obtenir une consistance lisse. Verser le mélange dans un petit bol, couvrir et réfrigérer pendant plusieurs heures pour approfondir la saveur. Bien conservé, il se conservera jusqu'à 3 jours.

35. Radiatore avec sauce Aurora

Donne 4 portions

- 1 cuillère à soupe d'huile d'olive
- 3 gousses d'ail hachées
- 3 oignons verts, hachés
- (28 onces) de tomates concassées en conserve
- 1 cuillère à café de basilic séché
- $1/2$ cuillère à café de marjolaine séchée
- 1 cuillère à café de sel

- $1/4$ cuillère à café de poivre noir fraîchement moulu
- $1/3$ tasse de fromage à la crème végétalien ou de tofu mou égoutté
- 1 livre de pâtes radiantes ou autres petites pâtes en forme
- 2 cuillères à soupe de persil frais haché, pour la garniture

Dans une grande casserole, faites chauffer l'huile à feu moyen. Ajoutez l'ail et les oignons verts et faites cuire jusqu'à ce qu'ils soient parfumés, 1 minute. Incorporez les tomates, le basilic, la marjolaine, le sel et le poivre. Portez la sauce à ébullition, puis réduisez le feu à doux et laissez mijoter pendant 15 minutes en remuant de temps en temps.

Dans un robot culinaire, mélanger le fromage à la crème jusqu'à obtenir une consistance lisse. Ajouter 2 tasses de sauce tomate et mélanger jusqu'à obtenir une consistance lisse. Remettre le mélange tofu-tomate dans la casserole avec la sauce tomate, en remuant pour bien mélanger. Goûter et ajuster l'assaisonnement si nécessaire. Garder au chaud à feu doux.

Dans une grande casserole d'eau bouillante salée, faites cuire les pâtes à feu moyen-vif, en remuant de temps en temps, jusqu'à ce qu'elles soient al dente, environ 10 minutes. Égouttez bien et transférez dans un grand bol de service. Ajoutez la sauce et mélangez délicatement. Saupoudrez de persil et servez immédiatement.

36. Lasagnes classiques au tofu

Donne 6 portions

- 12 onces de nouilles à lasagne
- 1 livre de tofu ferme, égoutté et émietté
- 1 livre de tofu mou, égoutté et émietté
- 2 cuillères à soupe de levure nutritionnelle
- 1 cuillère à café de jus de citron frais
- 1 cuillère à café de sel
- $1/4$ cuillère à café de poivre noir fraîchement moulu

- 3 cuillères à soupe de persil frais haché
- $1/2$ tasse de parmesan ou de parmasio végétalien
- 4 tasses de sauce marinara, maison (voir Sauce Marinara) ou achetée en magasin

Dans une casserole d'eau bouillante salée, faites cuire les nouilles à feu moyen-vif, en remuant de temps en temps jusqu'à ce qu'elles soient al dente, environ 7 minutes. Préchauffez le four à 350 °F. Dans un grand bol, mélangez les tofus fermes et mous. Ajoutez le levure alimentaire, jus de citron, sel, poivre, persil et $1/4$ tasse de parmesan. Mélanger jusqu'à ce que le tout soit bien mélangé.

Déposer une couche de sauce tomate au fond d'un plat de cuisson de 9 x 13 pouces. Recouvrir d'une couche de nouilles cuites. Étaler uniformément la moitié du mélange de tofu sur les nouilles. Répéter avec une autre couche de nouilles suivie d'une couche de sauce. Étaler le reste du mélange de tofu sur la sauce et terminer par une dernière couche de nouilles et de sauce. Saupoudrer du $1/4$ tasse de parmesan restant. S'il reste de la sauce, la conserver et la servir chaude dans un bol à côté des lasagnes.

Couvrir de papier aluminium et cuire au four pendant 45 minutes. Retirer le couvercle et cuire 10 minutes de plus. Laisser reposer 10 minutes avant de servir.

37. Lasagnes aux blettes rouges et aux épinards

Donne 6 portions

- 12 onces de nouilles à lasagne
- 1 cuillère à soupe d'huile d'olive
- 2 gousses d'ail hachées
- 8 onces de blettes rouges fraîches, tiges dures retirées et hachées grossièrement
- 9 onces de jeunes pousses d'épinards frais, hachées grossièrement
- 1 livre de tofu ferme, égoutté et émietté
- 1 livre de tofu mou, égoutté et émietté
- 2 cuillères à soupe de levure nutritionnelle
- 1 cuillère à café de jus de citron frais
- 2 cuillères à soupe de persil plat frais haché
- 1 cuillère à café de sel

- $1/4$ cuillère à café de poivre noir fraîchement moulu
- $3\ 1/2$ tasses de sauce marinara, maison ou achetée en magasin

Dans une casserole d'eau bouillante salée, faites cuire les nouilles à feu moyen-vif, en remuant de temps en temps, jusqu'à ce qu'elles soient al dente, environ 7 minutes. Préchauffez le four à 180 °C (350 °F).

Dans une grande casserole, faites chauffer l'huile à feu moyen. Ajoutez l'ail et faites cuire jusqu'à ce qu'il soit parfumé. Ajoutez les blettes et faites cuire en remuant jusqu'à ce qu'elles ramollissent, environ 5 minutes. Ajoutez les épinards et continuez la cuisson en remuant jusqu'à ce qu'ils ramollissent, environ 5 minutes de plus. Couvrez et faites cuire jusqu'à ce qu'ils soient tendres, environ 3 minutes. Découvrez et laissez refroidir. Lorsqu'ils sont suffisamment refroidis pour être manipulés, égouttez toute l'humidité restante des légumes verts, en appuyant dessus avec une grande cuillère pour faire sortir tout excès de liquide. Placez les légumes verts dans un grand bol. Ajoutez le tofu, la levure nutritionnelle, le jus de citron, le persil, le sel et le poivre. Mélangez jusqu'à ce que le tout soit bien mélangé.

Déposez une couche de sauce tomate au fond d'un plat de cuisson de 9 x 13 pouces. Recouvrez d'une couche de nouilles. Étalez uniformément la moitié du mélange de tofu sur les nouilles. Répétez avec une autre couche de nouilles et une couche de sauce. Étalez le reste du mélange de tofu sur la sauce et terminez par une dernière couche de nouilles, de sauce et garnissez de parmesan.

Couvrir de papier aluminium et cuire au four pendant 45 minutes. Retirer le couvercle et cuire 10 minutes de plus. Laisser reposer 10 minutes avant de servir.

38. Lasagnes aux légumes rôtis

Donne 6 portions

- 1 courgette moyenne, coupée en tranches de $1/4$ pouce
- 1 aubergine moyenne, coupée en tranches de $1/4$ pouce
- 1 poivron rouge moyen, coupé en dés
- 2 cuillères à soupe d'huile d'olive
- Sel et poivre noir fraîchement moulu
- 8 onces de nouilles à lasagne

- 1 livre de tofu ferme, égoutté, séché et émietté
- 1 livre de tofu mou, égoutté, séché et émietté
- 2 cuillères à soupe de levure nutritionnelle
- 2 cuillères à soupe de persil plat frais haché
- 3 $1/2$ tasses de sauce marinara, maison (voir Sauce Marinara) ou achetée en magasin

Préchauffer le four à 425°F. Répartir les courgettes, les aubergines et les poivrons sur une plaque de cuisson de 9 x 13 pouces légèrement huilée. Arroser d'huile et assaisonner de sel et de poivre noir au goût. Rôtir les légumes jusqu'à ce qu'ils soient tendres et légèrement dorés, environ 20 minutes. Retirer du four et laisser refroidir. Baisser la température du four à 350°F.

Dans une casserole d'eau bouillante salée, faites cuire les nouilles à feu moyen-vif, en remuant de temps en temps jusqu'à ce qu'elles soient al dente, environ 7 minutes. Égouttez et réservez. Dans un grand bol, mélangez le tofu avec la levure nutritionnelle, le persil, le sel et le poivre au goût. Bien mélanger.

Pour assembler, étalez une couche de sauce tomate au fond d'un plat de cuisson de 9 x 13 pouces. Recouvrez la sauce d'une couche de nouilles. Garnissez les nouilles de la moitié des légumes rôtis, puis étalez la moitié du mélange de tofu sur les légumes. Répétez l'opération avec une autre couche de nouilles et recouvrez de plus de sauce. Répétez le processus de superposition avec le reste des légumes et du mélange de tofu, en terminant par une couche de nouilles et de sauce. Saupoudrez de parmesan sur le dessus.

Couvrir et cuire au four pendant 45 minutes. Retirer le couvercle et cuire encore 10 minutes. Retirer du four et laisser reposer 10 minutes avant de découper.

39. Lasagnes au radicchio et aux champignons

Donne 6 portions

- 1 cuillère à soupe d'huile d'olive
- 2 gousses d'ail hachées
- 1 petite tête de radicchio, râpée
- 8 onces de champignons de Paris, légèrement rincés, séchés et finement tranchés
- Sel et poivre noir fraîchement moulu
- 8 onces de nouilles à lasagne
- 1 livre de tofu ferme, égoutté, séché et émietté
- 1 livre de tofu mou, égoutté, séché et émietté
- 3 cuillères à soupe de levure nutritionnelle
- 2 cuillères à soupe de persil frais haché

- 3 tasses de sauce marinara, maison (voir Sauce Marinara) ou achetée en magasin

Dans une grande poêle, faites chauffer l'huile à feu moyen. Ajoutez l'ail, le radicchio et les champignons. Couvrez et faites cuire en remuant de temps en temps jusqu'à ce qu'ils soient tendres, environ 10 minutes. Assaisonnez avec du sel et du poivre au goût et réservez.

Dans une casserole d'eau bouillante salée, faites cuire les nouilles à feu moyen-vif, en remuant de temps en temps, jusqu'à ce qu'elles soient al dente, environ 7 minutes. Égouttez et réservez. Préchauffez le four à 180 °C (350 °F).

Dans un grand bol, mélanger le tofu ferme et le tofu mou. Ajouter la levure nutritionnelle et le persil et mélanger jusqu'à ce que le tout soit bien mélangé. Incorporer le mélange de radicchio et de champignons et assaisonner de sel et de poivre au goût.

Déposez une couche de sauce tomate au fond d'un plat de cuisson de 9 x 13 pouces. Recouvrez d'une couche de nouilles. Étalez uniformément la moitié du mélange de tofu sur les nouilles. Répétez avec une autre couche de nouilles suivie d'une couche de sauce. Étalez le reste du mélange de tofu sur le dessus et terminez par une dernière couche de nouilles et de sauce. Saupoudrez le dessus de noix moulues.

Couvrir de papier aluminium et cuire au four pendant 45 minutes. Retirer le couvercle et cuire 10 minutes de plus. Laisser reposer 10 minutes avant de servir.

40. Lasagnes Primavera

Donne 6 à 8 portions

- 8 onces de nouilles à lasagne
- 2 cuillères à soupe d'huile d'olive
- 1 petit oignon jaune, haché
- 3 gousses d'ail hachées
- 6 onces de tofu soyeux, égoutté
- 3 tasses de lait de soja nature non sucré
- 3 cuillères à soupe de levure nutritionnelle
- $1/8$ cuillère à café de noix muscade moulue
- Sel et poivre noir fraîchement moulu
- 2 tasses de fleurons de brocoli hachés
- 2 carottes moyennes, hachées

- 1 petite courgette, coupée en deux ou en quatre dans le sens de la longueur et coupée en tranches de $1/4$ pouce
- 1 poivron rouge moyen, haché
- 2 livres de tofu ferme, égoutté et séché
- 2 cuillères à soupe de persil plat frais haché
- $1/2$ tasse de parmesan ou de parmasio végétalien
- $1/2$ tasse d'amandes moulues ou de pignons de pin

Préchauffer le four à 180 °C (350 °F). Dans une casserole d'eau bouillante salée, cuire les nouilles à feu moyen-vif, en remuant de temps en temps, jusqu'à ce qu'elles soient al dente, environ 7 minutes. Égoutter et réserver.

Dans une petite poêle, faites chauffer l'huile à feu moyen. Ajoutez l'oignon et l'ail, couvrez et faites cuire jusqu'à ce qu'ils soient tendres, environ 5 minutes. Transférez le mélange d'oignons dans un mélangeur. Ajoutez le tofu soyeux, le lait de soja, la levure nutritionnelle, la muscade, et salez et poivrez au goût. Mélangez jusqu'à obtenir une consistance lisse et réservez.

Faites cuire à la vapeur le brocoli, les carottes, les courgettes et le poivron jusqu'à ce qu'ils soient tendres. Retirez du feu. Émiettez le tofu ferme dans un grand bol. Ajoutez le persil et $1/4$ tasse de parmesan et assaisonnez avec du sel et poivre au goût. Mélanger jusqu'à ce que le tout soit bien mélangé. Incorporer les légumes cuits à la vapeur et bien mélanger, en ajoutant plus de sel et de poivre, si nécessaire.

Versez une couche de sauce blanche au fond d'un plat de cuisson de 9 x 13 pouces légèrement huilé.

Recouvrez d'une couche de nouilles. Étalez uniformément la moitié du mélange de tofu et de légumes sur les nouilles. Répétez avec une autre couche de nouilles, suivie d'une couche de sauce. Étalez le reste du mélange de tofu sur le dessus et terminez par une dernière couche de nouilles et de sauce, en terminant par le $1/4$ tasse de parmesan restant. Couvrir de papier aluminium et cuire au four pendant 45 minutes.

41. Lasagnes aux haricots noirs et à la citrouille

Donne 6 à 8 portions

- 12 nouilles à lasagne
- 1 cuillère à soupe d'huile d'olive
- 1 oignon jaune moyen, haché
- 1 poivron rouge moyen, haché
- 2 gousses d'ail hachées
- 1 $^1/_2$ tasse de haricots noirs cuits ou 1 boîte (15,5 onces), égouttés et rincés
- (14,5 onces) de tomates concassées en conserve
- 2 cuillères à café de poudre de chili
- Sel et poivre noir fraîchement moulu
- 1 livre de tofu ferme, bien égoutté
- 3 cuillères à soupe de persil frais haché ou de coriandre
- 1 boîte (16 onces) de purée de citrouille
- 3 tasses de salsa aux tomates, maison (voir Salsa aux tomates fraîches) ou achetée en magasin

Dans une casserole d'eau bouillante salée, faites cuire les nouilles à feu moyen-vif, en remuant de temps en temps, jusqu'à ce qu'elles soient al dente, environ 7 minutes. Égouttez et réservez. Préchauffez le four à 190 °C (375 °F).

Dans une grande poêle, faites chauffer l'huile à feu moyen. Ajoutez l'oignon, couvrez et faites cuire jusqu'à ce qu'il soit tendre. Ajoutez le poivron et l'ail et faites cuire jusqu'à ce qu'ils soient tendres, 5 minutes de plus. Incorporez les haricots, les tomates, 1 cuillère à café de poudre de chili, du sel et du poivre noir au goût. Mélangez bien et réservez.

Dans un grand bol, mélanger le tofu, le persil, la cuillère à café restante de poudre de chili, du sel et du poivre noir au goût. Réserver. Dans un bol moyen, mélanger la citrouille avec la salsa et remuer pour bien mélanger. Assaisonner avec du sel et du poivre au goût.

Étalez environ ¾ tasse du mélange de citrouille au fond d'un plat de cuisson de 9 x 13 pouces. Recouvrez de 4 des nouilles. Recouvrez de la moitié du mélange de haricots, suivi de la moitié du mélange de tofu. Recouvrez de quatre des nouilles, suivies d'une couche du mélange de citrouille, puis du reste du mélange de haricots, surmonté des nouilles restantes. Étalez le reste du mélange de tofu sur les nouilles, suivi du reste du mélange de citrouille, en l'étalant sur les bords du plat.

Couvrir de papier aluminium et cuire au four jusqu'à ce que le mélange soit chaud et bouillonnant, environ 50 minutes. Découvrir, parsemer de graines de citrouille et laisser reposer 10 minutes avant de servir.

42. Manicotti farcis aux blettes

Donne 4 portions

- 12 manicotti
- 3 cuillères à soupe d'huile d'olive
- 1 petit oignon, émincé
- 1 botte moyenne de blettes, tiges dures parées et hachées
- 1 livre de tofu ferme, égoutté et émietté
- Sel et poivre noir fraîchement moulu
- 1 tasse de noix de cajou crues
- 3 tasses de lait de soja nature non sucré

- $1/8$ cuillère à café de noix muscade moulue
- $1/8$ cuillère à café de poivre de Cayenne moulu
- 1 tasse de chapelure sèche non assaisonnée

Préchauffer le four à 350°F. Huiler légèrement un plat de cuisson de 9 x 13 pouces et réserver.

Dans une casserole d'eau bouillante salée, faites cuire les manicottis à feu moyen-vif, en remuant de temps en temps, jusqu'à ce qu'ils soient al dente, environ 8 minutes. Égouttez-les bien et passez-les sous l'eau froide. Réservez.

Dans une grande poêle, faites chauffer 1 cuillère à soupe d'huile à feu moyen. Ajoutez l'oignon, couvrez et faites cuire jusqu'à ce qu'il soit tendre, environ 5 minutes. Ajoutez les blettes, couvrez et faites cuire jusqu'à ce qu'elles soient tendres, en remuant de temps en temps, environ 10 minutes. Retirez du feu et ajoutez le tofu en remuant pour bien mélanger. Assaisonnez bien avec du sel et du poivre au goût et réservez.

Dans un mixeur ou un robot culinaire, broyez les noix de cajou jusqu'à obtenir une poudre. Ajoutez $1\ 1/2$ tasse de lait de soja, la muscade, le poivre de Cayenne et du sel au goût. Mélangez jusqu'à obtenir une consistance lisse. Ajoutez les 1 1/2 tasse de lait de soja restantes et mélangez jusqu'à obtenir une consistance crémeuse. Goûtez et ajustez l'assaisonnement si nécessaire.

Étalez une couche de sauce au fond du plat de cuisson préparé. Remplissez environ $1/3$ tasse de farce aux blettes dans les manicotti. Disposer les manicotti farcis en une seule couche dans le plat de cuisson. Verser le reste de la sauce sur les manicotti. Dans un petit bol, mélanger la chapelure et les 2 cuillères à soupe d'huile restantes et saupoudrer sur les manicotti. Couvrir de papier d'aluminium et cuire au four jusqu'à ce que le mélange soit chaud et bouillonnant, environ 30 minutes. Servir immédiatement

43. Manicotti aux épinards

Donne 4 portions

- 12 manicotti
- 1 cuillère à soupe d'huile d'olive
- 2 échalotes moyennes, hachées
- 2 paquets (10 onces) d'épinards hachés surgelés, décongelés
- 1 livre de tofu extra-ferme, égoutté et émietté
- $1/4$ cuillère à café de noix muscade moulue
- Sel et poivre noir fraîchement moulu
- 1 tasse de morceaux de noix grillés
- 1 tasse de tofu mou, égoutté et émietté
- $1/4$ tasse de levure nutritionnelle
- 2 tasses de lait de soja nature non sucré
- 1 tasse de chapelure sèche

Préchauffer le four à 350°F. Huiler légèrement un plat de cuisson de 9 x 13 pouces. Dans une casserole d'eau bouillante salée, cuire les manicottis à feu moyen-vif, en remuant de temps en temps, jusqu'à ce qu'ils soient al dente, environ 10 minutes. Bien égoutter et passer sous l'eau froide. Réserver.

Dans une grande poêle, faire chauffer l'huile à feu moyen. Ajouter les échalotes et cuire jusqu'à ce qu'elles soient tendres, environ 5 minutes. Presser les épinards pour retirer le plus de liquide possible et les ajouter aux échalotes. Assaisonner de muscade, de sel et de poivre au goût et cuire 5 minutes en remuant pour bien mélanger les saveurs. Ajouter le tofu extra-ferme et remuer pour bien mélanger. Réserver.

Dans un robot culinaire, hachez les noix jusqu'à ce qu'elles soient finement moulues. Ajoutez le tofu mou, la levure nutritionnelle, le lait de soja, le sel et le poivre au goût. Mélangez jusqu'à obtenir une consistance lisse.

Étalez une couche de sauce aux noix au fond du plat de cuisson préparé. Remplissez les manicotti avec la farce. Disposez les manicotti farcis en une seule couche dans le plat de cuisson. Versez le reste de la sauce dessus. Couvrez de papier d'aluminium et faites cuire jusqu'à ce que le tout soit chaud, environ 30 minutes. Découvrez, saupoudrez de chapelure et faites cuire 10 minutes de plus pour faire légèrement dorer le dessus. Servez immédiatement

44. Rouleaux de lasagnes

Donne 4 portions

- 12 nouilles à lasagne
- 4 tasses d'épinards frais légèrement tassés
- 1 tasse de haricots blancs cuits ou en conserve, égouttés et rincés
- 1 livre de tofu ferme, égoutté et séché
- $1/2$ cuillère à café de sel
- $1/4$ cuillère à café de poivre noir fraîchement moulu
- $1/8$ cuillère à café de noix muscade moulue
- 3 tasses de sauce marinara, maison (voir Sauce Marinara) ou achetée en magasin

Préchauffer le four à 180 °C (350 °F). Dans une casserole d'eau bouillante salée, cuire les nouilles à feu moyen-vif, en remuant de temps en temps, jusqu'à ce qu'elles soient al dente, environ 7 minutes.

Placez les épinards dans un plat allant au micro-ondes avec 1 cuillère à soupe d'eau. Couvrez et faites cuire au micro-ondes pendant 1 minute jusqu'à ce qu'ils soient fanés. Retirez-les du bol, essorez-les pour éliminer tout liquide restant. Transférez les épinards dans un robot culinaire et mélangez. Ajoutez les haricots, le tofu, le sel et le poivre et mélangez jusqu'à ce que le tout soit bien mélangé. Réservez.

Pour assembler les roulés, disposez les nouilles sur une surface de travail plane. Étalez environ 3 cuillères à soupe du mélange tofu-épinards sur la surface de chaque nouille et roulez. Répétez l'opération avec le reste des ingrédients. Étalez une couche de sauce tomate au fond d'un plat à gratin peu profond. Placez les rouleaux à la verticale sur la sauce et versez un peu de sauce restante sur chaque roulé. Couvrez de papier d'aluminium et faites cuire au four pendant 30 minutes. Servez immédiatement.

45. Raviolis à la citrouille et aux petits pois

Donne 4 portions

- 1 tasse de purée de citrouille en conserve
- $^1/_2$ tasse de tofu extra-ferme, bien égoutté et émietté
- 2 cuillères à soupe de persil frais haché
- Pincée de noix de muscade moulue

- Sel et poivre noir fraîchement moulu
- 1 recette <u>de pâte à pâtes sans œuf</u>
- 2 ou 3 échalotes moyennes, coupées en deux dans le sens de la longueur et coupées en tranches de $1/4_{pouce}$
- 1 tasse de petits pois surgelés, décongelés

Utilisez une serviette en papier pour éponger l'excès de liquide de la citrouille et du tofu, puis mélangez dans un robot culinaire avec la levure nutritionnelle, le persil, la muscade, le sel et le poivre au goût. Réservez.

Pour faire les raviolis, étalez finement la pâte sur une surface légèrement farinée. Coupez la pâte en

Bandes de 2 pouces de large. Déposez 1 cuillère à café pleine de farce sur 1 bande de pâtes, à environ 1 pouce du haut. Déposez une autre cuillère à café de farce sur la bande de pâtes, à environ 1 pouce en dessous de la première cuillère de farce. Répétez sur toute la longueur de la bande de pâte. Humidifiez légèrement les bords de la pâte avec de l'eau et placez une deuxième bande de pâtes sur la première, en recouvrant la garniture. Pressez les deux couches de pâte ensemble entre les portions de garniture. Utilisez un couteau pour couper les côtés de la pâte pour la rendre droite, puis coupez en travers de la pâte entre chaque monticule de garniture pour faire des raviolis carrés. Assurez-vous d'éliminer les poches d'air autour de la garniture avant de sceller. Utilisez les dents d'une fourchette pour appuyer le long des bords de la pâte pour sceller les raviolis. Transférez les raviolis dans une assiette farinée et répétez avec le reste de la pâte et de la sauce. Réservez.

Dans une grande poêle, faites chauffer l'huile à feu moyen. Ajoutez les échalotes et faites-les cuire en remuant de temps en temps jusqu'à ce qu'elles soient bien dorées, mais pas brûlées, environ 15 minutes. Ajoutez les petits pois et assaisonnez de sel et de poivre au goût. Gardez au chaud à feu très doux.

Dans une grande casserole d'eau bouillante salée, faites cuire les raviolis jusqu'à ce qu'ils remontent à la surface, environ 5 minutes. Égouttez-les bien et transférez-les dans la casserole avec les échalotes et les petits pois. Laissez cuire pendant une minute ou deux pour mélanger les saveurs, puis transférez dans un grand bol de service. Assaisonnez avec beaucoup de poivre et servez immédiatement.

46. Raviolis aux artichauts et aux noix

Donne 4 portions

- $1/3$ tasse plus 2 cuillères à soupe d'huile d'olive
- 3 gousses d'ail hachées
- 1 paquet (10 onces) d'épinards surgelés, décongelés et essorés
- 1 tasse de cœurs d'artichauts surgelés, décongelés et hachés
- $1/3$ tasse de tofu ferme, égoutté et émietté
- 1 tasse de morceaux de noix grillés
- $1/4$ tasse de persil frais bien tassé
- Sel et poivre noir fraîchement moulu
- 1 recette de pâte à pâtes sans œuf
- 12 feuilles de sauge fraîche

Dans une grande poêle, faites chauffer 2 cuillères à soupe d'huile à feu moyen. Ajoutez l'ail, les épinards et les cœurs d'artichaut. Couvrez et laissez cuire jusqu'à ce que l'ail soit tendre et que le liquide soit absorbé, environ 3 minutes, en remuant de temps en temps. Transférez le mélange dans un robot culinaire. Ajoutez le tofu, $1/4$ tasse de noix, le persil, le sel et le poivre au goût. Mélangez jusqu'à ce que le tout soit haché et bien mélangé.

Laisser refroidir.

Pour faire les raviolis, étalez la pâte très finement (environ $1/8$ pouce) sur une surface légèrement farinée et Coupez-la en bandes de 5 cm de large. Placez 1 cuillère à café pleine de farce sur une bande de pâtes, à environ 2,5 cm du haut. Placez une autre cuillère à café de farce sur la bande de pâtes, à environ 2,5 cm en dessous de la première cuillère de farce. Répétez sur toute la longueur de la bande de pâte.

Humidifiez légèrement les bords de la pâte avec de l'eau et placez une deuxième bande de pâtes sur la première, en recouvrant la garniture.

Pressez les deux couches de pâte ensemble entre les portions de garniture. Utilisez un couteau pour couper les bords de la pâte afin de la rendre droite, puis coupez en travers de la pâte entre chaque monticule de garniture pour faire des raviolis carrés. Utilisez les dents d'une fourchette pour appuyer le long des bords de la pâte afin de sceller les raviolis. Transférez les raviolis dans une assiette farinée et répétez l'opération avec le reste de la pâte et de la garniture.

Faites cuire les raviolis dans une grande casserole d'eau bouillante salée jusqu'à ce qu'ils flottent à la surface, environ 7 minutes. Égouttez-les bien et réservez. Dans une grande poêle, faites chauffer le reste d'huile ($1/3$ tasse) à feu moyen. Ajoutez la sauge et les ¾ tasse de noix restantes et cuire jusqu'à ce que la sauge devienne croustillante et que les noix deviennent parfumées. Ajoutez les raviolis cuits et faites-les cuire en remuant doucement pour les enrober de sauce et les réchauffer. Servez immédiatement.

47. Tortellini à la sauce à l'orange

Donne 4 portions

- 1 cuillère à soupe d'huile d'olive
- 3 gousses d'ail finement hachées
- 1 tasse de tofu ferme, égoutté et émietté
- ¾ tasse de persil frais haché
- ¼ tasse de parmesan ou de parmasio végétalien
- Sel et poivre noir fraîchement moulu
- 1 recette de pâte à pâtes sans œuf
- 2 ½ tasses de sauce marinara maison (voir Sauce Marinara) ou achetée en magasin Zeste d'une orange
- ½ cuillère à café de piment rouge broyé

- $1/2$ tasse de crème de soja ou de lait de soja nature non sucré

Dans une grande poêle, faites chauffer l'huile à feu moyen. Ajoutez l'ail et faites cuire jusqu'à ce qu'il soit tendre, environ 1 minute. Incorporez le tofu, le persil, le parmesan, le sel et le poivre noir au goût. Mélangez jusqu'à ce que le tout soit bien mélangé. Réservez pour refroidir.

Pour faire les tortellinis, étalez la pâte finement (environ $1/8$ pouce) et coupez-la en carrés de $2\,1/2$ pouces. Placez

1 cuillère à café de farce juste à côté du centre et repliez un coin du carré de pâtes sur la farce pour former un triangle. Pressez les bords ensemble pour sceller, puis enroulez le triangle, la pointe centrale vers le bas, autour de votre index, en pressant les extrémités ensemble pour qu'elles collent. Rabattez la pointe du triangle et faites-la glisser hors de votre doigt. Mettez de côté sur une assiette légèrement farinée et continuez avec le reste de la pâte et de la garniture.

Dans une grande casserole, mélanger la sauce marinara, le zeste d'orange et le piment rouge broyé. Chauffer jusqu'à ce que le mélange soit chaud, puis incorporer la crème de soja et garder au chaud à feu très doux.

Dans une casserole d'eau bouillante salée, faites cuire les tortellinis jusqu'à ce qu'ils remontent à la surface, environ 5 minutes. Égouttez-les bien et transférez-les dans un grand bol de service. Ajoutez la sauce et mélangez délicatement. Servez immédiatement.

48. Lo Mein aux légumes et au tofu

Donne 4 portions

- 12 onces de linguines
- 1 cuillère à soupe d'huile de sésame grillée
- 3 cuillères à soupe de sauce soja
- 2 cuillères à soupe de xérès sec
- 1 cuillère à soupe d'eau
- Pincée de sucre
- 1 cuillère à soupe de fécule de maïs

- 2 cuillères à soupe d'huile de canola ou de pépins de raisin
- 1 livre de tofu extra-ferme, égoutté et coupé en dés
- 1 oignon moyen, coupé en deux et tranché finement
- 3 tasses de petits fleurons de brocoli
- 1 carotte moyenne, coupée en tranches de $1/4$ pouce
- 1 tasse de champignons shiitake frais ou blancs tranchés
- 2 gousses d'ail hachées
- 2 cuillères à café de gingembre frais râpé
- 2 oignons verts, hachés

Dans une grande casserole d'eau bouillante salée, faites cuire les linguines en remuant de temps en temps jusqu'à ce qu'elles soient tendres, environ 10 minutes. Égouttez-les bien et transférez-les dans un bol. Ajoutez 1 cuillère à café d'huile de sésame et mélangez pour enrober. Réservez.

Dans un petit bol, mélanger la sauce soja, le xérès, l'eau, le sucre et les 2 cuillères à café d'huile de sésame restantes. Ajouter la fécule de maïs et remuer pour la dissoudre. Réserver.

Dans une grande poêle ou un wok, faites chauffer 1 cuillère à soupe de canola à feu moyen-vif. Ajoutez le tofu et faites-le cuire jusqu'à ce qu'il soit doré, environ 10 minutes. Retirez-le de la poêle et réservez.

Réchauffer le reste de l'huile de canola dans la même poêle. Ajouter l'oignon, le brocoli et la carotte et faire revenir jusqu'à ce qu'ils soient tendres, environ 7 minutes. Ajouter les champignons, l'ail, le gingembre et les oignons verts et faire revenir pendant 2 minutes. Incorporer la sauce et les linguines cuites et remuer pour bien mélanger. Cuire jusqu'à ce que le tout soit bien chaud. Goûter, ajuster l'assaisonnement et ajouter plus de sauce soja si nécessaire. Servir immédiatement.

49. Pad Thaï

Donne 4 portions

- 12 onces de nouilles de riz séchées
- $1/3$ tasse de sauce soja
- 2 cuillères à soupe de jus de citron vert frais
- 2 cuillères à soupe de sucre brun clair
- 1 cuillère à soupe de pâte de tamarin (voir note principale)
- 1 cuillère à soupe de concentré de tomate
- 3 cuillères à soupe d'eau
- $1/2$ cuillère à café de piment rouge broyé
- 3 cuillères à soupe d'huile de canola ou de pépins de raisin

- 1 livre de tofu extra-ferme, égoutté, pressé (voir Tofu) et coupé en dés de $1/2$ pouce
- 4 oignons verts, hachés
- 2 gousses d'ail hachées
- $1/3$ tasse d'arachides grillées à sec, grossièrement hachées et non salées
- 1 tasse de germes de soja, pour la garniture
- 1 citron vert coupé en quartiers pour la garniture

Faire tremper les nouilles dans un grand bol d'eau chaude jusqu'à ce qu'elles soient tendres, 5 à 15 minutes, selon l'épaisseur des nouilles. Bien égoutter et rincer sous l'eau froide. Transférer les nouilles égouttées dans un grand bol et réserver.

Dans un petit bol, mélanger la sauce soja, le jus de citron vert, le sucre, la pâte de tamarin, la pâte de tomate, l'eau et le piment rouge broyé. Remuer pour bien mélanger et réserver.

Dans une grande poêle ou un wok, faites chauffer 2 cuillères à soupe d'huile à feu moyen. Ajoutez le tofu et faites-le revenir jusqu'à ce qu'il soit doré, environ 5 minutes. Transférez dans un plat et réservez.

Dans la même poêle ou le même wok, faites chauffer la cuillère à soupe d'huile restante à feu moyen. Ajoutez l'oignon et faites revenir pendant 1 minute. Ajoutez les oignons verts et l'ail, faites revenir pendant 30 secondes, puis ajoutez le tofu cuit et faites cuire environ 5 minutes, en remuant de temps en temps, jusqu'à ce qu'il soit doré. Ajoutez les nouilles cuites et mélangez pour bien mélanger et réchauffer.

Incorporer la sauce et cuire en remuant pour enrober, en ajoutant un ou deux filets d'eau supplémentaires, si nécessaire . pour éviter qu'elles ne collent. Lorsque les nouilles sont chaudes et tendres, disposez-les sur un plat de service et saupoudrez-les de cacahuètes et de coriandre. Garnissez de germes de soja et de quartiers de citron vert sur le côté du plat. Servez chaud.

50. Spaghettis ivres au tofu

Donne 4 portions

- 12 onces de spaghetti
- 3 cuillères à soupe de sauce soja
- 1 cuillère à soupe de sauce aux huîtres végétarienne (facultatif)
- 1 cuillère à café de sucre brun clair
- 8 onces de tofu extra-ferme, égoutté et pressé (voir Tofu)
- 2 cuillères à soupe d'huile de canola ou de pépins de raisin
- 1 oignon rouge moyen, finement tranché

- 1 poivron rouge moyen, tranché finement
- 1 tasse de pois mange-tout, parés
- 2 gousses d'ail hachées
- $1/2$ cuillère à café de piment rouge broyé
- 1 tasse de feuilles de basilic thaï frais

Dans une casserole d'eau bouillante salée, faites cuire les spaghettis à feu moyen-vif, en remuant de temps en temps, jusqu'à ce qu'ils soient al dente, environ 8 minutes. Égouttez-les bien et transférez-les dans un grand bol. Dans un petit bol, mélangez la sauce soja, la sauce aux huîtres, si vous en utilisez, et le sucre. Mélangez bien, puis versez sur les spaghettis réservés, en remuant pour les enrober. Réservez.

Coupez le tofu en lanières de $1/2$ pouce. Dans une grande poêle ou un wok, faites chauffer 1 cuillère à soupe d'huile à feu moyen-vif. Ajoutez le tofu et faites-le cuire jusqu'à ce qu'il soit doré, environ 5 minutes. Retirez-le de la poêle et réservez.

Remettre la poêle sur le feu et ajouter la cuillère à soupe restante d'huile de canola. Ajouter l'oignon, le poivron, les pois mange-tout, l'ail et le piment rouge écrasé. Faire revenir jusqu'à ce que les légumes soient tendres, environ 5 minutes. Ajouter les spaghettis cuits et le mélange de sauce, le tofu cuit et le basilic et faire revenir jusqu'à ce que le tout soit chaud, environ 4 minutes.

ТЕМРЕН

51. Spaghetti façon carbonara

Donne 4 portions

- 2 cuillères à soupe d'huile d'olive
- 3 échalotes moyennes, hachées
- 4 onces de bacon tempeh, fait maison (voir Bacon tempeh) ou acheté en magasin, haché
- 1 tasse de lait de soja nature non sucré
- $1/2$ tasse de tofu mou ou soyeux, égoutté
- $1/4$ tasse de levure nutritionnelle
- Sel et poivre noir fraîchement moulu
- 1 livre de spaghettis
- 3 cuillères à soupe de persil frais haché

Dans une grande poêle, faites chauffer l'huile à feu moyen. Ajoutez les échalotes et faites-les cuire jusqu'à ce qu'elles soient tendres, environ 5 minutes. Ajoutez le bacon tempeh et faites-le cuire en remuant fréquemment jusqu'à ce qu'il soit légèrement doré, environ 5 minutes. Réservez.

Dans un mixeur, mélanger le lait de soja, le tofu, la levure alimentaire, le sel et le poivre au goût. Mélanger jusqu'à obtenir une consistance lisse. Réserver.

Dans une grande casserole d'eau bouillante salée, faites cuire les spaghettis à feu moyen-vif, en remuant de temps en temps, jusqu'à ce qu'ils soient al dente, environ 10 minutes. Égouttez-les bien et transférez-les dans un grand bol de service. Ajoutez le mélange de tofu, $1/4$ tasse de parmesan et tout le mélange de bacon et de tempeh sauf 2 cuillères à soupe.

Mélangez délicatement pour mélanger et goûter, en rectifiant l'assaisonnement si nécessaire, en ajoutant un peu plus de lait de soja si trop sec. Garnissez de quelques tours de moulin à poivre, du reste de bacon tempeh, du reste de parmesan et du persil. Servez immédiatement.

51. Sauté de tempeh et de légumes

Donne 4 portions

- 10 onces de tempeh
- Sel et poivre noir fraîchement moulu
- 2 cuillères à café de fécule de maïs
- 4 tasses de petits fleurons de brocoli
- 2 cuillères à soupe d'huile de canola ou de pépins de raisin
- 2 cuillères à soupe de sauce soja
- 2 cuillères à soupe d'eau
- 1 cuillère à soupe de mirin
- $1/2$ cuillère à café de piment rouge écrasé
- 2 cuillères à café d'huile de sésame grillée
- 1 poivron rouge moyen, coupé en tranches de $1/2$ pouce
- 6 onces de champignons blancs, légèrement rincés, séchés et coupés en tranches de $1/2$ pouce
- 2 gousses d'ail hachées

- 3 cuillères à soupe d'oignons verts hachés
- 1 cuillère à café de gingembre frais râpé

Dans une casserole moyenne d'eau frémissante, faites cuire le tempeh pendant 30 minutes. Égouttez-le, séchez-le et laissez-le refroidir. Coupez le tempeh en cubes de $1/2$ pouce et placez-le dans un bol peu profond. Assaisonnez de sel et de poivre noir au goût, saupoudrez de fécule de maïs et mélangez pour enrober. Réservez.

Faites cuire le brocoli à la vapeur jusqu'à ce qu'il soit presque tendre, environ 5 minutes. Passez-le sous l'eau froide pour arrêter la cuisson et conserver sa couleur vert vif. Réservez.

Dans une grande poêle ou un wok, faites chauffer 1 cuillère à soupe d'huile de canola à feu moyen-vif. Ajoutez le tempeh et faites-le revenir jusqu'à ce qu'il soit doré, environ 5 minutes. Retirez-le de la poêle et réservez.

Dans un petit bol, mélanger la sauce soja, l'eau, le mirin, le piment rouge broyé et l'huile de sésame. Réserver.

Réchauffer la même poêle à feu moyen-vif. Ajouter la cuillère à soupe restante d'huile de canola. Ajouter le poivron et les champignons et faire sauter jusqu'à ce qu'ils soient tendres, environ 3 minutes. Ajouter l'ail, les oignons verts et le gingembre et faire sauter 1 minute. Ajouter le brocoli cuit à la vapeur et le tempeh frit et faire sauter pendant 1 minute. Incorporer le mélange de sauce soja et faire sauter jusqu'à ce que le tempeh et les légumes soient chauds et bien enrobés de sauce. Servir immédiatement.

52. Tempeh Teriyaki

Donne 4 portions

- 1 livre de tempeh, coupé en tranches de $1/4$ pouce
- $1/4$ tasse de jus de citron frais
- 1 cuillère à café d'ail émincé
- 2 cuillères à soupe d'oignons verts émincés
- 2 cuillères à café de gingembre frais râpé
- 1 cuillère à soupe de sucre
- 2 cuillères à soupe d'huile de sésame grillée
- 1 cuillère à soupe de fécule de maïs
- 2 cuillères à soupe d'eau
- 2 cuillères à soupe d'huile de canola ou de pépins de raisin

Dans une casserole moyenne d'eau frémissante, faites cuire le tempeh pendant 30 minutes. Égouttez-le et placez-le dans un grand plat peu profond. Dans un petit bol, mélangez la sauce soja, le jus de citron, l'ail, les oignons verts, le gingembre, le sucre, l'huile de sésame, la fécule de maïs et l'eau. Mélangez bien, puis versez la marinade sur le tempeh cuit, en le retournant pour l'enrober. Laissez mariner le tempeh pendant 1 heure.

Dans une grande poêle, faire chauffer l'huile de canola à feu moyen. Retirer le tempeh de la marinade et réserver la marinade. Ajouter le tempeh dans la poêle chaude et cuire jusqu'à ce qu'il soit doré des deux côtés, environ 4 minutes de chaque côté. Ajouter la marinade réservée et laisser mijoter jusqu'à ce que le liquide épaississe, environ 8 minutes. Servir immédiatement.

53. Tempeh au barbecue

Donne 4 portions

- 1 livre de tempeh, coupé en barres de 2 pouces
- 2 cuillères à soupe d'huile d'olive
- 1 oignon moyen, émincé
- 1 poivron rouge moyen, émincé
- 2 gousses d'ail hachées
- (14,5 onces) de tomates concassées en conserve
- 2 cuillères à soupe de mélasse noire
- 2 cuillères à soupe de vinaigre de cidre de pomme
- cuillère à soupe de sauce soja
- 2 cuillères à café de moutarde brune épicée
- 1 cuillère à soupe de sucre
- $1/2$ cuillère à café de sel
- $1/4$ cuillère à café de piment de la Jamaïque moulu
- $1/4$ cuillère à café de poivre de Cayenne moulu

Dans une casserole moyenne d'eau frémissante, faites cuire le tempeh pendant 30 minutes. Égouttez-le et réservez.

Dans une grande casserole, faites chauffer 1 cuillère à soupe d'huile à feu moyen. Ajoutez l'oignon, le poivron et l'ail. Couvrez et laissez cuire jusqu'à ce qu'ils soient tendres, environ 5 minutes. Incorporez les tomates, la mélasse, le vinaigre, la sauce soja, la moutarde, le sucre, le sel, le piment de la Jamaïque et le poivre de Cayenne et portez à ébullition. Réduisez le feu à doux et laissez mijoter à découvert pendant 20 minutes.

Dans une grande poêle, faites chauffer la cuillère à soupe d'huile restante à feu moyen. Ajoutez le tempeh et faites-le cuire jusqu'à ce qu'il soit doré, en le retournant une fois, environ 10 minutes. Ajoutez suffisamment de sauce pour bien enrober le tempeh. Couvrez et laissez mijoter pour mélanger les saveurs, environ 15 minutes. Servez immédiatement.

54. Tempeh à l'orange et au bourbon

Donne 4 à 6 portions

- 2 tasses d'eau
- $1/2$ tasse de sauce soja
- fines tranches de gingembre frais
- 2 gousses d'ail, tranchées
- 1 livre de tempeh, coupé en fines tranches
- Sel et poivre noir fraîchement moulu
- $1/4$ tasse d'huile de canola ou de pépins de raisin
- 1 cuillère à soupe de sucre brun clair
- $1/8$ cuillère à café de piment de la Jamaïque moulu
- $1/3$ tasse de jus d'orange frais
- $1/4$ tasse de bourbon ou 5 tranches d'orange coupées en deux
- 1 cuillère à soupe de fécule de maïs mélangée à 2 cuillères à soupe d'eau

Dans une grande casserole, mélanger l'eau, la sauce soja, le gingembre, l'ail et le zeste d'orange. Placer le tempeh dans la marinade et porter à ébullition. Réduire le feu à doux et laisser mijoter pendant 30 minutes. Retirer le tempeh de la marinade et réserver la marinade. Saupoudrer le tempeh de sel et de poivre au goût. Placer la farine dans un bol peu profond. Enrober le tempeh cuit de farine et réserver.

Dans une grande poêle, faites chauffer l'huile à feu moyen. Ajoutez le tempeh, par lots si nécessaire, et faites-le cuire jusqu'à ce qu'il soit doré des deux côtés, environ 4 minutes de chaque côté. Incorporez progressivement la marinade réservée. Ajoutez le sucre, le piment de la Jamaïque, le jus d'orange et le bourbon. Garnissez le tempeh avec les tranches d'orange. Couvrez et laissez mijoter jusqu'à ce que la sauce soit sirupeuse et que les saveurs se mélangent, environ 20 minutes.

À l'aide d'une cuillère à fentes ou d'une spatule, retirez le tempeh de la poêle et transférez-le dans un plat de service. Gardez au chaud. Ajoutez le mélange de fécule de maïs à la sauce et faites cuire en remuant pour épaissir. Réduisez le feu à doux et laissez mijoter, à découvert, en remuant constamment, jusqu'à ce que la sauce épaississe. Versez la sauce sur le tempeh et servez immédiatement.

55. Tempeh et patates douces

Donne 4 portions

- 1 livre de tempeh
- 2 cuillères à soupe de sauce soja
- 1 cuillère à café de coriandre moulue
- $1/2$ cuillère à café de curcuma
- 2 cuillères à soupe d'huile d'olive
- 3 grosses échalotes hachées
- 1 ou 2 patates douces moyennes, pelées et coupées en dés de $1/2$ pouce
- 2 cuillères à café de gingembre frais râpé
- 1 tasse de jus d'ananas
- 2 cuillères à café de sucre brun clair
- Jus d'un citron vert

Dans une casserole moyenne d'eau frémissante, faites cuire le tempeh pendant 30 minutes. Transférez-le dans un bol peu profond. Ajoutez 2 cuillères à soupe de sauce soja, de coriandre et de curcuma, en remuant pour enrober. Réservez.

Dans une grande poêle, faites chauffer 1 cuillère à soupe d'huile à feu moyen. Ajoutez le tempeh et faites-le cuire jusqu'à ce qu'il soit doré des deux côtés, environ 4 minutes de chaque côté. Retirez-le de la poêle et réservez.

Dans la même poêle, faites chauffer les 2 cuillères à soupe d'huile restantes à feu moyen. Ajoutez les échalotes et les patates douces. Couvrez et laissez cuire jusqu'à ce qu'elles soient légèrement ramollies et légèrement dorées, environ 10 minutes. Incorporez le gingembre, le jus d'ananas, la cuillère à soupe restante de sauce soja et le sucre, en remuant pour mélanger. Réduisez le feu à doux, ajoutez le tempeh cuit, couvrez et laissez cuire jusqu'à ce que les pommes de terre soient tendres, environ 10 minutes. Transférez le tempeh et les patates douces dans un plat de service et gardez au chaud. Incorporez le jus de citron vert à la sauce et laissez mijoter pendant 1 minute pour mélanger les saveurs. Versez la sauce sur le tempeh et servez immédiatement.

56. Tempeh Créole

Donne 4 à 6 portions

- 1 livre de tempeh, coupé en tranches de $1/4$ pouce
- $1/4$ tasse de sauce soja
- 2 cuillères à soupe d'assaisonnement créole
- $1/2$ tasse de farine tout usage
- 2 cuillères à soupe d'huile d'olive
- 1 oignon jaune moyen doux, haché
- 2 côtes de céleri, hachées
- 1 poivron vert moyen, haché
- 3 gousses d'ail hachées
- 1 boîte (14,5 onces) de tomates en dés, égouttées
- 1 cuillère à café de thym séché
- $1/2$ tasse de vin blanc sec
- Sel et poivre noir fraîchement moulu

Placez le tempeh dans une grande casserole avec suffisamment d'eau pour le recouvrir. Ajoutez la sauce soja et 1 cuillère à soupe d'assaisonnement créole. Couvrez et laissez mijoter pendant 30 minutes. Retirez le tempeh du liquide et réservez-le en réservant le liquide.

Dans un bol peu profond, mélanger la farine avec les 2 cuillères à soupe restantes d'assaisonnement créole et bien mélanger. Tremper le tempeh dans le mélange de farine, en l'enrobant bien. Dans une grande poêle, faire chauffer 1 cuillère à soupe d'huile à feu moyen. Ajouter le tempeh saupoudré et cuire jusqu'à ce qu'il soit doré des deux côtés, environ 4 minutes de chaque côté. Retirer le tempeh de la poêle et réserver.

Dans la même poêle, faites chauffer la cuillère à soupe d'huile restante à feu moyen. Ajoutez l'oignon, le céleri, le poivron et l'ail. Couvrez et laissez cuire jusqu'à ce que les légumes soient tendres, environ 10 minutes. Incorporez les tomates, puis remettez le tempeh dans la poêle avec le thym, le vin et 1 tasse du liquide de frémissement réservé. Assaisonnez de sel et de poivre au goût. Portez à ébullition et laissez cuire à découvert pendant environ 30 minutes pour réduire le liquide et mélanger les saveurs. Servez immédiatement.

57. Tempeh au citron et aux câpres

Donne 4 à 6 portions

- 1 livre de tempeh, coupé horizontalement en tranches de $1/4$ pouce
- $1/2$ tasse de sauce soja
- $1/2$ tasse de farine tout usage
- Sel et poivre noir fraîchement moulu
- 2 cuillères à soupe d'huile d'olive
- 2 échalotes moyennes, hachées
- 2 gousses d'ail hachées
- 2 cuillères à soupe de câpres
- $1/2$ tasse de vin blanc sec
- $1/2$ tasse de bouillon de légumes, maison (voir Bouillon de légumes léger) ou du commerce
- 2 cuillères à soupe de margarine végétalienne
- Jus d'un citron
- 2 cuillères à soupe de persil frais haché

Placez le tempeh dans une grande casserole avec suffisamment d'eau pour le recouvrir. Ajoutez la sauce soja et laissez mijoter pendant 30 minutes. Retirez le tempeh de la casserole et laissez-le refroidir. Dans un bol peu profond, mélangez la farine, le sel et le poivre au goût. Trempez le tempeh dans le mélange de farine, en enrobant les deux côtés. Réservez.

Dans une grande poêle, faites chauffer 2 cuillères à soupe d'huile à feu moyen. Ajoutez le tempeh, par lots si nécessaire, et faites-le cuire jusqu'à ce qu'il soit doré des deux côtés, environ 8 minutes au total. Retirez le tempeh de la poêle et réservez-le.

Dans la même poêle, faites chauffer la cuillère à soupe d'huile restante à feu moyen. Ajoutez les échalotes et faites cuire environ 2 minutes. Ajoutez l'ail, puis incorporez les câpres, le vin et le bouillon. Remettez le tempeh dans la poêle et laissez mijoter pendant 6 à 8 minutes. Incorporez la margarine, le jus de citron et le persil en remuant pour faire fondre la margarine. Servez immédiatement.

58. Tempeh avec glaçage à l'érable et au vinaigre balsamique

Donne 4 portions

- 1 livre de tempeh, coupé en barres de 2 pouces
- 2 cuillères à soupe de vinaigre balsamique
- 2 cuillères à soupe de sirop d'érable pur
- 1 $1/2$ cuillères à soupe de moutarde brune épicée
- 1 cuillère à café de sauce Tabasco
- 1 cuillère à soupe d'huile d'olive
- 2 gousses d'ail hachées
- $1/2$ tasse de bouillon de légumes, maison (voir Bouillon de légumes léger) ou du commerce Sel et poivre noir fraîchement moulu

Dans une casserole moyenne d'eau frémissante, faites cuire le tempeh pendant 30 minutes. Égouttez-le et séchez-le.

Dans un petit bol, mélanger le vinaigre, le sirop d'érable, la moutarde et le Tabasco. Réserver.

Dans une grande poêle, faites chauffer l'huile à feu moyen. Ajoutez le tempeh et faites-le dorer des deux côtés, en le retournant une fois, environ 4 minutes de chaque côté. Ajoutez l'ail et faites cuire 30 secondes de plus.

Incorporer le bouillon, saler et poivrer au goût. Augmenter le feu à moyen-élevé et laisser cuire, à découvert, pendant environ 3 minutes ou jusqu'à ce que le liquide soit presque évaporé.

Ajoutez le mélange de moutarde réservé et laissez cuire 1 à 2 minutes, en retournant le tempeh pour l'enrober de sauce et le glacer joliment. Veillez à ne pas le brûler. Servez immédiatement.

59. Chili au tempeh tentant

Donne 4 à 6 portions

- 1 livre de tempeh
- 1 cuillère à soupe d'huile d'olive
- 1 oignon jaune moyen, haché
- 1 poivron vert moyen, haché
- 2 gousses d'ail hachées
- cuillères à soupe de poudre de chili
- 1 cuillère à café d'origan séché
- 1 cuillère à café de cumin moulu

- (28 onces) de tomates concassées en conserve
- $1/2$ tasse d'eau, plus si nécessaire
- 1 $1/2$ tasse de haricots pinto cuits ou 1 boîte (15,5 onces), égouttés et rincés
- 1 boîte (4 onces) de piments verts doux hachés, égouttés
- Sel et poivre noir fraîchement moulu
- 2 cuillères à soupe de coriandre fraîche hachée

Dans une casserole moyenne d'eau frémissante, faites cuire le tempeh pendant 30 minutes. Égouttez-le et laissez-le refroidir, puis hachez-le finement et réservez.

Dans une grande casserole, faites chauffer l'huile. Ajoutez l'oignon, le poivron et l'ail, couvrez et laissez cuire jusqu'à ce qu'ils soient tendres, environ 5 minutes. Ajoutez le tempeh et faites cuire, à découvert, jusqu'à ce qu'il soit doré, environ 5 minutes. Ajoutez la poudre de chili, l'origan et le cumin. Incorporez les tomates, l'eau, les haricots et les piments. Assaisonnez avec du sel et du poivre noir au goût. Mélangez bien pour combiner.

Portez à ébullition, puis réduisez le feu à doux, couvrez et laissez mijoter pendant 45 minutes en remuant de temps en temps, en ajoutant un peu d'eau si nécessaire.

Saupoudrer de coriandre et servir immédiatement.

60. Tempeh chasseur

Donne 4 à 6 portions

- 1 livre de tempeh, coupé en fines tranches
- 2 cuillères à soupe d'huile de canola ou de pépins de raisin
- 1 oignon rouge moyen, coupé en dés de $1/2_{pouce}$
- poivron rouge moyen, coupé en dés de $1/2_{pouce}$
- carotte moyenne, coupée en tranches de $1/4_{pouce}$
- 2 gousses d'ail hachées
- 1 boîte (28 onces) de tomates en dés, égouttées
- $1/4$ tasse de vin blanc sec
- 1 cuillère à café d'origan séché
- 1 cuillère à café de basilic séché
- Sel et poivre noir fraîchement moulu

Dans une casserole moyenne d'eau frémissante, faites cuire le tempeh pendant 30 minutes. Égouttez-le et séchez-le.

Dans une grande poêle, faites chauffer 1 cuillère à soupe d'huile à feu moyen. Ajoutez le tempeh et faites-le cuire jusqu'à ce qu'il soit doré des deux côtés, soit 8 à 10 minutes au total. Retirez-le de la poêle et réservez.

Dans la même poêle, faites chauffer la cuillère à soupe d'huile restante à feu moyen. Ajoutez l'oignon, le poivron, la carotte et l'ail. Couvrez et laissez cuire jusqu'à ce qu'ils soient tendres, environ 5 minutes. Ajoutez les tomates, le vin, l'origan, le basilic, le sel et le poivre noir au goût et portez à ébullition. Réduisez le feu à doux, ajoutez le tempeh réservé et laissez mijoter, à découvert, jusqu'à ce que les légumes soient tendres et que les saveurs soient bien mélangées, environ 30 minutes. Servez immédiatement.

61. Tempeh indonésien à la sauce à la noix de coco

Donne 4 à 6 portions

- 1 livre de tempeh, coupé en tranches de $1/4$ pouce
- 2 cuillères à soupe d'huile de canola ou de pépins de raisin
- 1 oignon jaune moyen, haché
- 3 gousses d'ail hachées
- 1 poivron rouge moyen, haché
- 1 poivron vert moyen, haché
- 1 ou 2 petits piments Serrano ou autres piments frais, épépinés et hachés
- 1 boîte (14,5 onces) de tomates en dés, égouttées
- 1 boîte (13,5 onces) de lait de coco non sucré
- Sel et poivre noir fraîchement moulu
- $1/2$ tasse d'arachides grillées non salées, moulues ou concassées, pour la garniture
- 2 cuillères à soupe de coriandre fraîche hachée, pour la garniture

Dans une casserole moyenne d'eau frémissante, faites cuire le tempeh pendant 30 minutes. Égouttez-le et séchez-le.

Dans une grande poêle, faites chauffer 1 cuillère à soupe d'huile à feu moyen. Ajoutez le tempeh et faites-le cuire jusqu'à ce qu'il soit doré des deux côtés, environ 10 minutes. Retirez-le de la poêle et réservez.

Dans la même poêle, faites chauffer la cuillère à soupe d'huile restante à feu moyen. Ajoutez l'oignon, l'ail, les poivrons rouges et verts et les piments. Couvrez et laissez cuire jusqu'à ce qu'ils soient tendres, environ 5 minutes. Incorporez les tomates et le lait de coco. Réduisez le feu à doux, ajoutez le tempeh réservé, assaisonnez de sel et de poivre au goût et laissez mijoter, à découvert, jusqu'à ce que la sauce soit légèrement réduite, environ 30 minutes. Saupoudrez de cacahuètes et de coriandre et servez immédiatement.

62. Tempeh au gingembre et aux cacahuètes

Donne 4 portions

- 1 livre de tempeh, coupé en dés de $1/2$ pouce
- 2 cuillères à soupe d'huile de canola ou de pépins de raisin
- poivron rouge moyen, coupé en dés de $1/2$ pouce
- 3 gousses d'ail hachées
- petit bouquet d'oignons verts, hachés
- 2 cuillères à soupe de gingembre frais râpé
- 2 cuillères à soupe de sauce soja
- 1 cuillère à soupe de sucre
- $1/4$ cuillère à café de piment rouge broyé
- 1 cuillère à soupe de fécule de maïs
- 1 tasse d'eau
- 1 tasse d'arachides grillées non salées écrasées
- 2 cuillères à soupe de coriandre fraîche hachée

Dans une casserole moyenne d'eau frémissante, faites cuire le tempeh pendant 30 minutes. Égouttez-le et séchez-le. Dans une grande poêle ou un wok, faites chauffer l'huile à feu moyen. Ajoutez le tempeh et faites-le cuire jusqu'à ce qu'il soit légèrement doré, environ 8 minutes. Ajoutez le poivron et faites-le revenir jusqu'à ce qu'il soit tendre, environ 5 minutes. Ajoutez l'ail, les oignons verts et le gingembre et faites-le revenir jusqu'à ce qu'il soit parfumé, 1 minute.

Dans un petit bol, mélanger la sauce soja, le sucre, le piment rouge broyé, la fécule de maïs et l'eau. Bien mélanger, puis verser dans la poêle. Cuire en remuant pendant 5 minutes, jusqu'à ce que le mélange épaississe légèrement. Incorporer les cacahuètes et la coriandre. Servir immédiatement.

63. Tempeh aux pommes de terre et au chou

Donne 4 portions

- 1 livre de tempeh, coupé en dés de $^1/_2$ pouce
- 2 cuillères à soupe d'huile de canola ou de pépins de raisin
- 1 oignon jaune moyen, haché
- 1 carotte moyenne, hachée
- 1 $^1/_2$ cuillères à soupe de paprika hongrois doux
- 2 pommes de terre Russet moyennes, pelées et coupées en dés de $^1/_2$ pouce
- 3 tasses de chou râpé
- 1 boîte (14,5 onces) de tomates en dés, égouttées
- $^1/_4$ tasse de vin blanc sec
- 1 tasse de bouillon de légumes, maison (voir Bouillon de légumes léger) ou du commerce Sel et poivre noir fraîchement moulu
- $^1/_2$ tasse de crème sure végétalienne, maison (voir Crème sure au tofu) ou achetée en magasin (facultatif)

Dans une casserole moyenne d'eau frémissante, faites cuire le tempeh pendant 30 minutes. Égouttez-le et séchez-le.

Dans une grande poêle, faites chauffer 1 cuillère à soupe d'huile à feu moyen. Ajoutez le tempeh et faites-le cuire jusqu'à ce qu'il soit doré des deux côtés, environ 10 minutes. Retirez le tempeh et réservez.

Dans la même poêle, faites chauffer la cuillère à soupe d'huile restante à feu moyen. Ajoutez l'oignon et la carotte, couvrez et laissez cuire jusqu'à ce qu'ils soient tendres, environ 10 minutes. Ajoutez le paprika, les pommes de terre, le chou, les tomates, le vin et le bouillon et portez à ébullition. Assaisonnez avec du sel et du poivre selon votre goût.

Réduisez le feu à moyen, ajoutez le tempeh et laissez mijoter à découvert pendant 30 minutes ou jusqu'à ce que les légumes soient tendres et que les saveurs soient bien mélangées. Ajoutez la crème sure, si vous en utilisez, et servez immédiatement.

64. Ragoût de succotash du Sud

Donne 4 portions

- 10 onces de tempeh
- 2 cuillères à soupe d'huile d'olive
- 1 gros oignon jaune doux, finement haché
- 2 pommes de terre Russet moyennes, pelées et coupées en dés de $1/2$ pouce
- 1 boîte (14,5 onces) de tomates en dés, égouttées
- 1 paquet (16 onces) de succotash surgelé
- 2 tasses de bouillon de légumes, fait maison (voir Bouillon de légumes léger) ou acheté en magasin, ou de l'eau
- 2 cuillères à soupe de sauce soja
- 1 cuillère à café de moutarde sèche
- 1 cuillère à café de sucre
- $1/2$ cuillère à café de thym séché
- $1/2$ cuillère à café de piment de la Jamaïque moulu
- $1/4$ cuillère à café de poivre de Cayenne moulu
- Sel et poivre noir fraîchement moulu

Dans une casserole moyenne d'eau frémissante, faites cuire le tempeh pendant 30 minutes. Égouttez-le, séchez-le et coupez-le en dés de 2,5 cm.

Dans une grande poêle, faites chauffer 1 cuillère à soupe d'huile à feu moyen. Ajoutez le tempeh et faites-le cuire jusqu'à ce qu'il soit doré des deux côtés, environ 10 minutes. Réservez.

Dans une grande casserole, faites chauffer la cuillère à soupe d'huile restante à feu moyen. Ajoutez l'oignon et faites cuire jusqu'à ce qu'il soit tendre, 5 minutes. Ajoutez les pommes de terre, les carottes, les tomates, le succotash, le bouillon, la sauce soja, la moutarde, le sucre, le thym, le piment de la Jamaïque et le poivre de Cayenne. Assaisonnez de sel et de poivre au goût. Portez à ébullition, puis réduisez le feu à doux et ajoutez le tempeh. Laissez mijoter à couvert jusqu'à ce que les légumes soient tendres, en remuant de temps en temps, environ 45 minutes.

Environ 10 minutes avant la fin de la cuisson du ragoût, incorporez la fumée liquide. Goûtez et rectifiez l'assaisonnement si nécessaire.

Servir immédiatement.

65. Casserole de jambalaya au four

Donne 4 portions

- 10 onces de tempeh
- 2 cuillères à soupe d'huile d'olive
- 1 oignon jaune moyen, haché
- 1 poivron vert moyen, haché
- 2 gousses d'ail hachées
- 1 boîte (28 onces) de tomates en dés, non égouttées
- ½ tasse de riz blanc

- 1 $1/2$ tasse de bouillon de légumes, fait maison (voir Bouillon de légumes léger) ou acheté en magasin, ou de l'eau
- 1 $1/2$ tasses cuites ou 1 boîte (15,5 onces) de haricots rouges foncés, égouttés et rincés
- 1 cuillère à soupe de persil frais haché
- 1 $1/2$ cuillères à café d'assaisonnement cajun
- 1 cuillère à café de thym séché
- $1/2$ cuillère à café de sel
- $1/4$ cuillère à café de poivre noir fraîchement moulu

Dans une casserole moyenne d'eau frémissante, faites cuire le tempeh pendant 30 minutes. Égouttez-le et séchez-le. Coupez-le en dés de $1/2$ pouce. Préchauffez le four à 350 °F.

Dans une grande poêle, faites chauffer 1 cuillère à soupe d'huile à feu moyen. Ajoutez le tempeh et faites-le cuire jusqu'à ce qu'il soit doré des deux côtés, environ 8 minutes. Transférez le tempeh dans un plat de cuisson de 9 x 13 pouces et réservez.

Dans la même poêle, faites chauffer la cuillère à soupe d'huile restante à feu moyen. Ajoutez l'oignon, le poivron et l'ail. Couvrez et laissez cuire jusqu'à ce que les légumes soient tendres, environ 7 minutes.

Ajoutez le mélange de légumes dans le plat de cuisson contenant le tempeh. Incorporez les tomates avec leur liquide, le riz, le bouillon, les haricots rouges, le persil, l'assaisonnement cajun, le thym, le sel et le poivre noir. Mélangez bien, puis couvrez hermétiquement et faites cuire jusqu'à ce que le riz soit tendre, environ 1 heure. Servez immédiatement.

66. Tarte au tempeh et aux patates douces

Donne 4 portions

- 8 onces de tempeh
- 3 patates douces moyennes, pelées et coupées en dés de $1/2$ pouce
- 2 cuillères à soupe de margarine végétalienne
- $1/4$ tasse de lait de soja nature non sucré
- Sel et poivre noir fraîchement moulu
- 2 cuillères à soupe d'huile d'olive
- 1 oignon jaune moyen, finement haché
- 2 carottes moyennes, hachées
- 1 tasse de petits pois surgelés, décongelés
- 1 tasse de grains de maïs surgelés, décongelés
- $1\ 1/2$ tasse de sauce aux champignons
- $1/2$ cuillère à café de thym séché

Dans une casserole moyenne d'eau frémissante, faites cuire le tempeh pendant 30 minutes. Égouttez-le et séchez-le. Hachez finement le tempeh et réservez-le.

Faites cuire les patates douces à la vapeur jusqu'à ce qu'elles soient tendres, environ 20 minutes. Préchauffez le four à 180 °C (350 °F). Écrasez les patates douces avec la margarine, le lait de soja, le sel et le poivre au goût. Réservez.

Dans une grande poêle, faites chauffer 1 cuillère à soupe d'huile à feu moyen. Ajoutez l'oignon et les carottes, couvrez et faites cuire jusqu'à ce qu'ils soient tendres, environ 10 minutes. Transférez dans un plat de cuisson de 10 pouces.

Dans la même poêle, faites chauffer la cuillère à soupe d'huile restante à feu moyen. Ajoutez le tempeh et faites-le cuire jusqu'à ce qu'il soit doré des deux côtés, 8 à 10 minutes. Ajoutez le tempeh dans le plat de cuisson avec l'oignon et les carottes. Incorporez les pois, le maïs et la sauce aux champignons. Ajoutez le thym, le sel et le poivre au goût. Remuer pour mélanger.

Étalez la purée de patates douces sur le dessus, en utilisant une spatule pour répartir uniformément sur les bords du moule. Faites cuire jusqu'à ce que les pommes de terre soient légèrement dorées et que la garniture soit chaude, environ 40 minutes. Servez immédiatement.

67. Pâtes farcies aux aubergines et au tempeh

Donne 4 portions

- 8 onces de tempeh
- 1 aubergine moyenne
- 12 grandes coquilles de pâtes
- 1 gousse d'ail écrasée
- $^1/_4$ cuillère à café de poivre de Cayenne moulu
- Sel et poivre noir fraîchement moulu
- Chapelure sèche non assaisonnée

- 3 tasses de sauce marinara, maison (voir Sauce Marinara) ou achetée en magasin

Dans une casserole moyenne d'eau frémissante, faites cuire le tempeh pendant 30 minutes. Égouttez-le et laissez-le refroidir.

Préchauffer le four à 450°F. Piquer l'aubergine avec une fourchette et la faire cuire sur une plaque à pâtisserie légèrement huilée jusqu'à ce qu'elle soit tendre, environ 45 minutes.

Pendant que les aubergines cuisent, faites cuire les coquilles dans une casserole d'eau bouillante salée, en remuant de temps en temps, jusqu'à ce qu'elles soient al dente, environ 7 minutes. Égouttez-les et passez-les sous l'eau froide. Réservez.

Retirez l'aubergine du four, coupez-la en deux dans le sens de la longueur et égouttez-la. Réduisez la température du four à 177 °C (350 °F). Huilez légèrement un plat de cuisson de 23 x 33 cm (9 x 13 po). Dans un robot culinaire, hachez finement l'ail. Ajoutez le tempeh et mélangez jusqu'à ce qu'il soit grossièrement haché. Grattez la pulpe d'aubergine de sa coque et ajoutez-la au robot culinaire avec le tempeh et l'ail. Ajoutez le poivre de Cayenne, assaisonnez de sel et de poivre au goût et mélangez. Si la garniture est lâche, ajoutez de la chapelure.

Étalez une couche de sauce tomate sur le fond du plat de cuisson préparé. Remplissez les coquilles de garniture jusqu'à ce qu'elles soient bien tassées.

Disposer les coquillages sur la sauce et verser le reste de la sauce sur et autour des coquillages. Couvrir de papier d'aluminium et cuire au four jusqu'à ce que le tout soit chaud, environ 30 minutes. Découvrir, saupoudrer de parmesan et cuire 10 minutes de plus. Servir immédiatement.

68. Nouilles de Singapour au tempeh

Donne 4 portions

- 8 onces de tempeh, coupé en dés de $1/2$ pouce
- 8 onces de vermicelles de riz
- 1 cuillère à soupe d'huile de sésame grillée
- 2 cuillères à soupe d'huile de canola ou de pépins de raisin
- 4 cuillères à soupe de sauce soja
- $1/3$ tasse de beurre d'arachide crémeux
- $1/2$ tasse de lait de coco non sucré
- $1/2$ tasse d'eau
- 1 cuillère à soupe de jus de citron frais
- 1 cuillère à café de sucre brun clair
- $1/2$ cuillère à café de poivre de Cayenne moulu

- 1 poivron rouge moyen, haché
- 3 tasses de chou râpé
- 3 gousses d'ail
- 1 tasse d'oignons verts hachés
- 2 cuillères à café de gingembre frais râpé
- 1 tasse de petits pois surgelés, décongelés
- Sel
- $1/4$ tasse d'arachides grillées non salées hachées, pour la garniture
- 2 cuillères à soupe de coriandre fraîche hachée, pour la garniture

Dans une casserole moyenne d'eau frémissante, faites cuire le tempeh pendant 30 minutes. Égouttez-le et séchez-le. Faites tremper les vermicelles de riz dans un grand bol d'eau chaude jusqu'à ce qu'ils soient tendres, environ 5 minutes. Égouttez-les bien, rincez-les et transférez-les dans un grand bol. Mélangez avec l'huile de sésame et réservez.

Dans une grande poêle, faites chauffer 1 cuillère à soupe d'huile de canola à feu moyen-vif. Ajoutez le tempeh cuit et faites-le cuire jusqu'à ce qu'il soit doré de tous les côtés, en ajoutant 1 cuillère à soupe de sauce soja pour ajouter de la couleur et de la saveur. Retirez le tempeh de la poêle et réservez-le.

Dans un mixeur ou un robot culinaire, mélanger le beurre de cacahuète, le lait de coco, l'eau, le jus de citron, le sucre, le poivre de Cayenne et les 3 cuillères à soupe restantes de sauce soja. Mélanger jusqu'à obtenir une consistance lisse et réserver.

Dans une grande poêle, faites chauffer la cuillère à soupe restante d'huile de canola à feu moyen-vif. Ajoutez le poivron, le chou, l'ail, les oignons verts et le gingembre et faites cuire en remuant de temps en temps jusqu'à ce qu'ils soient tendres, environ 10 minutes. Réduisez le feu à doux ; incorporez les pois, le tempeh doré et les nouilles ramollies. Incorporez la sauce, salez au goût et laissez mijoter jusqu'à ce qu'elle soit chaude.

Transférer dans un grand bol de service, garnir d'arachides hachées et de coriandre et servir.

69. Tempeh au bacon

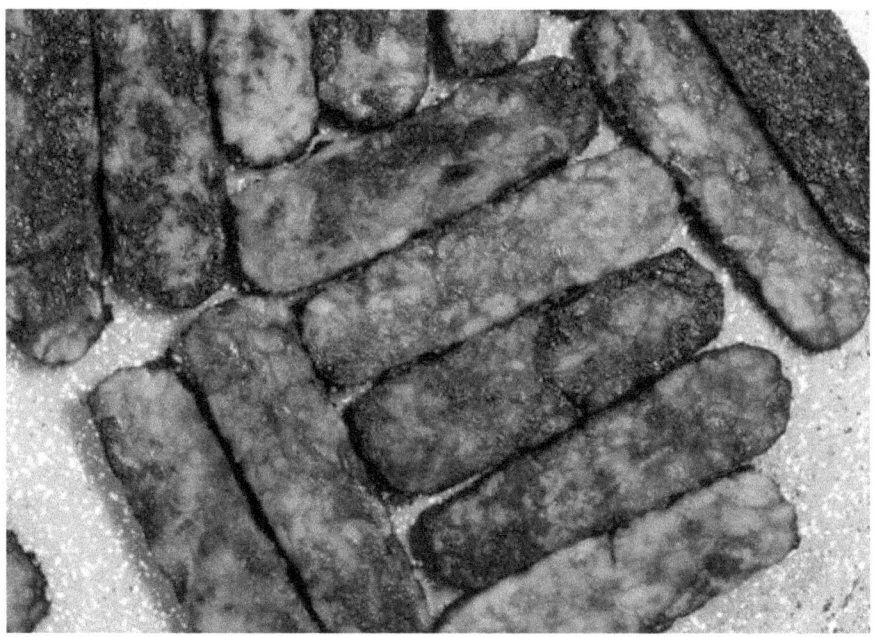

Donne 4 portions

6 onces de tempeh
2 cuillères à soupe d'huile de canola ou de pépins de raisin
2 cuillères à soupe de sauce soja
$1/2$ cuillère à café de fumée liquide

Dans une casserole moyenne d'eau frémissante, faites cuire le tempeh pendant 30 minutes. Laissez-le refroidir, puis séchez-le et coupez-le en lanières de $1/8$ po.

Dans une grande poêle, faites chauffer l'huile à feu moyen. Ajoutez les tranches de tempeh et faites-les revenir des deux côtés jusqu'à ce qu'elles soient dorées, environ 3 minutes de chaque côté. Arrosez de sauce soja et de fumée liquide en prenant soin de ne pas éclabousser. Retournez le tempeh pour l'enrober. Servez chaud.

70. Spaghetti et boules de T

Donne 4 portions

- 1 livre de tempeh
- 2 ou 3 gousses d'ail finement hachées
- 3 cuillères à soupe de persil frais finement haché
- 3 cuillères à soupe de sauce soja
- 1 cuillère à soupe d'huile d'olive, plus pour la cuisson
- ¾ tasse de chapelure fraîche
- $1/3$ tasse de farine de gluten de blé (gluten de blé vital)
- 3 cuillères à soupe de levure nutritionnelle
- $1/2$ cuillère à café d'origan séché
- $1/2$ cuillère à café de sel
- $1/4$ cuillère à café de poivre noir fraîchement moulu

- 1 livre de spaghettis
- 3 tasses de sauce marinara, maison (voir à gauche) ou achetée en magasin

Dans une casserole moyenne d'eau frémissante, faites cuire le tempeh pendant 30 minutes. Égouttez-le bien et coupez-le en morceaux.

Placez le tempeh cuit dans un robot culinaire, ajoutez l'ail et le persil et mélangez jusqu'à ce qu'ils soient grossièrement moulus. Ajoutez la sauce soja, l'huile d'olive, la chapelure, la farine de gluten, la levure, l'origan, le sel et le poivre noir et mélangez jusqu'à obtenir une texture homogène. Grattez le mélange de tempeh dans un bol et utilisez vos mains pour pétrir le mélange jusqu'à ce qu'il soit bien mélangé, 1 à 2 minutes. Utilisez vos mains pour rouler le mélange en petites boules, ne dépassant pas $1\ 1/2^{pouce}$ de diamètre. Répétez l'opération avec le reste du mélange de tempeh.

Dans une grande poêle légèrement huilée, faites chauffer une fine couche d'huile à feu moyen. Ajoutez les boules de T, par lots si nécessaire, et faites-les cuire jusqu'à ce qu'elles soient dorées, en les déplaçant dans la poêle au besoin pour une coloration uniforme, 15 à 20 minutes. Vous pouvez également disposer les boules de T sur une plaque à pâtisserie huilée et les faire cuire à 350 °F pendant 25 à 30 minutes, en les retournant une fois à mi-cuisson.

Dans une grande casserole d'eau bouillante salée, cuire les spaghettis à feu moyen-vif, en remuant de temps en temps, jusqu'à ce qu'ils soient al dente, environ 10 minutes.

Pendant que les spaghettis cuisent, faites chauffer la sauce marinara dans une casserole moyenne à feu moyen jusqu'à ce qu'elle soit chaude.

Une fois les pâtes cuites, égouttez-les bien et répartissez-les dans 4 assiettes plates ou bols à pâtes peu profonds. Garnissez chaque portion de quelques boules de pâte. Versez la sauce sur les boules de pâte et les spaghettis et servez chaud. Mélangez les boules de pâte et la sauce restantes dans un bol de service et servez.

71. Paglia E Fieno aux petits pois

Donne 4 portions

- $1/3$ tasse plus 1 cuillère à soupe d'huile d'olive
- 2 échalotes moyennes, finement hachées
- $1/4$ tasse de bacon tempeh haché, fait maison (voir Bacon tempeh) ou acheté en magasin (facultatif)
- Sel et poivre noir fraîchement moulu
- 8 onces de linguines régulières ou de blé entier
- 8 onces de linguines aux épinards
- Parmasio végétalien

Dans une grande poêle, faites chauffer 1 cuillère à soupe d'huile à feu moyen. Ajoutez les échalotes et faites cuire jusqu'à ce qu'elles soient tendres, environ 5 minutes. Ajoutez le bacon tempeh, si vous en utilisez, et faites cuire jusqu'à ce qu'il soit bien doré. Incorporez les champignons et faites cuire jusqu'à ce qu'ils soient tendres, environ 5 minutes. Assaisonnez de sel et de poivre au goût. Incorporez les petits pois et le $1/3$ tasse d'huile restant. Couvrez et gardez au chaud à feu très doux.

Dans une grande casserole d'eau bouillante salée, faites cuire les linguines à feu moyen-vif, en remuant de temps en temps, jusqu'à ce qu'elles soient al dente, environ 10 minutes. Égouttez bien et transférez dans un grand bol de service.

Ajoutez la sauce, salez et poivrez à votre goût et saupoudrez de parmesan. Mélangez délicatement et servez immédiatement.

SEITA N

72. Seitan mijoté de base

Donne environ 2 livres

Seitan

- 1¾ tasse de farine de gluten de blé (gluten de blé vital)
- $1/2$ cuillère à café de sel
- $1/2$ cuillère à café de poudre d'oignon
- $1/4$ cuillère à café de paprika doux
- 1 cuillère à soupe d'huile d'olive
- 2 cuillères à soupe de sauce soja
- 1 $2/3$ tasses d'eau froide

Liquide frémissant :
- 2 litres d'eau
- $1/2$ tasse de sauce soja
- 2 gousses d'ail écrasées

Préparez le seitan : dans un robot culinaire, mélangez la farine de gluten de blé, la levure alimentaire, le sel, la poudre d'oignon et le paprika. Mélangez par impulsions. Ajoutez l'huile, la sauce soja et l'eau et mélangez pendant une minute pour former une pâte. Déposez le mélange sur une surface de travail légèrement farinée et pétrissez jusqu'à ce qu'il soit lisse et élastique, environ 2 minutes.

Préparez le liquide mijoté : dans une grande casserole, mélangez l'eau, la sauce soja et l'ail.

Divisez la pâte de seitan en 4 morceaux égaux et placez-les dans le liquide frémissant. Portez à ébullition à feu moyen-élevé, puis réduisez le feu à moyen-doux, couvrez et laissez mijoter doucement, en retournant de temps en temps, pendant 1 heure. Éteignez le feu et laissez le seitan refroidir dans le liquide. Une fois refroidi, le seitan peut être utilisé dans des recettes ou réfrigéré dans le liquide dans un récipient hermétiquement fermé jusqu'à une semaine ou congelé jusqu'à 3 mois.

73. Rôti de seitan farci au four

Donne 6 portions

- 1 recette de seitan mijoté de base, non cuit
- 1 cuillère à soupe d'huile d'olive
- 1 petit oignon jaune, émincé
- 1 côte de céleri hachée
- $1/2$ cuillère à café de thym séché
- $1/2$ cuillère à café de sauge séchée
- $1/2$ tasse d'eau, ou plus si nécessaire
- Sel et poivre noir fraîchement moulu
- 2 tasses de cubes de pain frais
- $1/4$ tasse de persil frais haché

Placez le seitan cru sur un plan de travail légèrement fariné et étalez-le avec les mains légèrement farinées jusqu'à ce qu'il soit plat et d'environ $1/2$ pouce d'épaisseur. Placez le seitan aplati entre deux feuilles de pellicule plastique ou du papier sulfurisé. Utilisez un rouleau à pâtisserie pour l'aplatir au maximum (il sera élastique et résistant). Recouvrez d'une plaque à pâtisserie lestée d'un gallon d'eau ou de conserves et laissez reposer pendant que vous préparez la farce.

Dans une grande poêle, faire chauffer l'huile à feu moyen. Ajouter l'oignon et le céleri. Couvrir et cuire jusqu'à ce qu'ils soient tendres, 10 minutes. Incorporer le thym, la sauge, l'eau, le sel et le poivre au goût. Retirer du feu et réserver. Placer le pain et le persil dans un grand bol à mélanger. Ajouter le mélange d'oignons et bien mélanger, en ajoutant un peu plus d'eau si la farce est trop sèche. Goûter, ajuster l'assaisonnement si nécessaire. Réserver.

Préchauffez le four à 350°F. Huilez légèrement un moule à pâtisserie de 9 x 13 pouces et réservez. Abaissez le seitan aplati avec un rouleau à pâtisserie jusqu'à ce qu'il ait une épaisseur d'environ $1/4$ pouce. Étalez la farce sur la surface du Roulez le rôti soigneusement et uniformément. Placez le rôti, joint vers le bas, dans le plat de cuisson préparé. Enduisez légèrement d'huile le dessus et les côtés du rôti et faites-le cuire à couvert pendant 45 minutes, puis découvrez-le et faites-le cuire jusqu'à ce qu'il soit ferme et brun brillant, environ 15 minutes de plus.

Retirer du four et laisser reposer 10 minutes avant de trancher. Utiliser un couteau dentelé pour couper le rôti en tranches de $1/2$ pouce. Remarque : pour faciliter le découpage, préparez le rôti à l'avance et laissez-le refroidir complètement avant de le trancher. Tranchez tout ou partie du rôti, puis réchauffez-le au four, bien couvert, pendant 15 à 20 minutes, avant de servir.

74. Rôti de seitan

Donne 4 portions

- 1 recette de seitan mijoté de base
- 2 cuillères à soupe d'huile d'olive
- 3 à 4 échalotes moyennes, coupées en deux dans le sens de la longueur
- 1 livre de pommes de terre Yukon Gold, pelées et coupées en morceaux de 2 pouces
- $1/2$ cuillère à café de sarriette séchée
- $1/4$ cuillère à café de sauge moulue
- Sel et poivre noir fraîchement moulu
- Raifort, pour servir

Suivez les instructions pour préparer du seitan mijoté de base, mais divisez la pâte de seitan en 2 morceaux au lieu de 4 avant de le faire mijoter. Une fois que le seitan a refroidi dans son bouillon pendant 30 minutes, retirez-le de la casserole et réservez-le. Réservez le liquide de cuisson en éliminant les solides. Réservez 1 morceau de seitan (environ 1 livre) pour une utilisation ultérieure en le plaçant dans un bol et en le recouvrant d'une partie du liquide de cuisson réservé. Couvrez et réfrigérez jusqu'à utilisation. Si vous ne l'utilisez pas dans les 3 jours, laissez refroidir complètement le seitan, enveloppez-le hermétiquement et congelez-le.

soupe d'huile à feu moyen. Ajoutez les échalotes et les carottes. Couvrez et laissez cuire 5 minutes. Ajoutez les pommes de terre, le thym, la sarriette, la sauge, le sel et le poivre au goût. Ajoutez 1 1/2 tasse du liquide de cuisson réservé et portez à ébullition. Réduisez le feu à doux et laissez cuire à couvert pendant 20 minutes.

Frottez le seitan réservé avec la cuillère à soupe d'huile restante et le paprika. Déposez le seitan sur les légumes qui mijotent. Couvrez et poursuivez la cuisson jusqu'à ce que les légumes soient tendres, environ 20 minutes de plus. Coupez le seitan en fines tranches et disposez-les sur un grand plat de service entouré des légumes cuits. Servez immédiatement, accompagné de raifort.

75. Dîner de Thanksgiving composé presque d'un seul plat

Donne 6 portions

- 2 cuillères à soupe d'huile d'olive
- 1 tasse d'oignon finement haché
- 2 côtes de céleri, finement hachées
- 2 tasses de champignons blancs tranchés
- $1/2$ cuillère à café de thym séché
- $1/2$ cuillère à café de sarriette séchée
- $1/2$ cuillère à café de sauge moulue
- Pincée de noix de muscade moulue
- Sel et poivre noir fraîchement moulu

- 2 tasses de cubes de pain frais
- 2 $^1/_2$ tasses de bouillon de légumes, maison (voir Bouillon de légumes léger) ou du commerce
- $^1/_3$ tasse de canneberges séchées sucrées
- 8 onces de tofu extra-ferme, égoutté et coupé en tranches de $^1/_{4\,pouce}$
- 8 onces de seitan, fait maison ou acheté en magasin, coupé en tranches très fines
- 2 $^1/_2$ tasses de purée de pommes de terre de base
- 1 feuille de pâte feuilletée surgelée, décongelée

Préchauffer le four à 400°F. Huiler légèrement un plat de cuisson carré de 10 pouces. Dans une grande poêle, chauffer l'huile à feu moyen. Ajouter l'oignon et le céleri. Couvrir et cuire jusqu'à ce qu'ils soient tendres, environ 5 minutes. Incorporer les champignons, le thym, la sarriette, la sauge, la muscade, le sel et le poivre au goût. Cuire à découvert jusqu'à ce que les champignons soient tendres, environ 3 minutes de plus. Réserver.

Dans un grand bol, mélanger les cubes de pain avec autant de bouillon que nécessaire pour les humidifier (environ

1 1/2 tasse). Ajoutez le mélange de légumes cuits, les noix et les canneberges. Remuer pour bien mélanger et réserver.

Dans la même poêle, porter à ébullition le reste du bouillon (1 tasse), réduire le feu à moyen, ajouter le tofu et laisser mijoter à découvert jusqu'à ce que le bouillon soit absorbé, environ 10 minutes. Réserver.

Étalez la moitié de la farce préparée au fond du plat de cuisson préparé, suivie de la moitié du seitan, de la moitié du tofu et de la moitié de la sauce brune. Répétez la superposition avec le reste de la farce, seitan, tofu et sauce.

76. Seitan milanais au panko et au citron

Donne 4 portions

- 2 tasses de panko
- $1/4$ tasse de persil frais haché
- $1/2$ cuillère à café de sel
- $1/4$ cuillère à café de poivre noir fraîchement moulu
- 1 livre de seitan, fait maison ou acheté en magasin, coupé en tranches de $1/4$ pouce
- 2 cuillères à soupe d'huile d'olive
- 1 citron coupé en quartiers

Préchauffer le four à 120°C. Dans un grand bol, mélanger le panko, le persil, le sel et le poivre. Humidifier le seitan avec un peu d'eau et le tremper dans le mélange de panko.

Dans une grande poêle, faites chauffer l'huile à feu moyen-vif. Ajoutez le seitan et faites-le cuire en le retournant une fois jusqu'à ce qu'il soit doré, en procédant par lots si nécessaire. Transférez le seitan cuit sur une plaque à pâtisserie et gardez-le au chaud au four pendant que vous faites cuire le reste. Servez immédiatement, avec des quartiers de citron.

77. Seitan en croûte de sésame

Donne 4 portions

- $1/3$ tasse de graines de sésame
- $1/3$ tasse de farine tout usage
- $1/2$ cuillère à café de sel
- $1/4$ cuillère à café de poivre noir fraîchement moulu
- $1/2$ tasse de lait de soja nature non sucré
- 1 livre de seitan, fait maison ou acheté en magasin, coupé en tranches de $1/4$ pouce
- 2 cuillères à soupe d'huile d'olive

Placez les graines de sésame dans une poêle sèche à feu moyen et faites-les griller jusqu'à ce qu'elles soient légèrement dorées, en remuant constamment, pendant 3 à 4 minutes. Laissez-les refroidir, puis broyez-les dans un robot culinaire ou un moulin à épices.

Mettez les graines de sésame moulues dans un bol peu profond, ajoutez la farine, le sel et le poivre et mélangez bien. Mettez le lait de soja dans un bol peu profond. Trempez le seitan dans le lait de soja, puis trempez-le dans le mélange de sésame.

Dans une grande poêle, faites chauffer l'huile à feu moyen. Ajoutez le seitan, par lots si nécessaire, et faites-le cuire jusqu'à ce qu'il soit croustillant et doré des deux côtés, environ 10 minutes. Servez immédiatement.

78. Seitan aux artichauts et aux olives

Donne 4 portions

- 2 cuillères à soupe d'huile d'olive
- 1 livre de seitan, fait maison ou acheté en magasin, coupé en tranches de $1/4$ pouce
- 2 gousses d'ail hachées
- 1 boîte (14,5 onces) de tomates en dés, égouttées
- 1 $1/2$ tasse de cœurs d'artichauts en conserve ou surgelés (cuits), coupés en tranches de $1/4$ pouce
- 1 cuillère à soupe de câpres
- 2 cuillères à soupe de persil frais haché
- Sel et poivre noir fraîchement moulu
- 1 tasse de tofu feta (facultatif)

Préchauffer le four à 120 °C (250 °F). Dans une grande poêle, faire chauffer 1 cuillère à soupe d'huile à feu moyen-vif. Ajouter le seitan et le faire dorer des deux côtés, environ 5 minutes. Transférer le seitan dans un plat résistant à la chaleur et garder au chaud dans le four.

Dans la même poêle, faites chauffer la cuillère à soupe d'huile restante à feu moyen. Ajoutez l'ail et faites cuire jusqu'à ce qu'il soit parfumé, environ 30 secondes. Ajoutez les tomates, les cœurs d'artichauts, les olives, les câpres et le persil. Assaisonnez de sel et de poivre au goût et faites cuire jusqu'à ce que le tout soit chaud, environ 5 minutes. Réservez.

Disposez le seitan sur un plat de service, recouvrez-le du mélange de légumes et saupoudrez de tofu feta, si vous en utilisez. Servez immédiatement.

79. Seitan à la sauce ancho-chipotle

Donne 4 portions

- 2 cuillères à soupe d'huile d'olive
- 1 oignon moyen, haché
- 2 carottes moyennes, hachées
- 2 gousses d'ail hachées
- 1 boîte (28 onces) de tomates concassées rôties au feu
- $1/2$ tasse de bouillon de légumes, maison (voir Bouillon de légumes léger) ou du commerce
- 2 piments ancho séchés
- 1 piment chipotle séché
- $1/2$ tasse de semoule de maïs jaune

- $1/2$ cuillère à café de sel
- $1/4$ cuillère à café de poivre noir fraîchement moulu
- 1 livre de seitan, fait maison ou acheté en magasin, coupé en tranches de $1/4$ pouce

Dans une grande casserole, faites chauffer 1 cuillère à soupe d'huile à feu moyen. Ajoutez l'oignon et les carottes, couvrez et laissez cuire pendant 7 minutes. Ajoutez l'ail et faites cuire 1 minute. Incorporez les tomates, le bouillon et les piments ancho et chipotle. Laissez mijoter à découvert pendant 45 minutes, puis versez la sauce dans un mixeur et mixez jusqu'à obtenir une consistance lisse. Remettez dans la casserole et gardez au chaud à feu très doux.

Dans un bol peu profond, mélanger la semoule de maïs avec le sel et le poivre. Tremper le seitan dans le mélange de semoule de maïs, en l'enrobant uniformément.

Dans une grande poêle, faites chauffer les 2 cuillères à soupe d'huile restantes à feu moyen. Ajoutez le seitan et faites-le cuire jusqu'à ce qu'il soit doré des deux côtés, environ 8 minutes au total. Servez immédiatement avec la sauce chili.

80. Seitan piccata

Donne 4 portions

- 1 livre de seitan, fait maison ou acheté en magasin, coupé en tranches de $1/4$ pouce Sel et poivre noir fraîchement moulu
- $1/2$ tasse de farine tout usage
- 2 cuillères à soupe d'huile d'olive
- 1 échalote moyenne, hachée
- 2 gousses d'ail hachées
- 2 cuillères à soupe de câpres
- $1/3$ tasse de vin blanc
- $1/3$ tasse de bouillon de légumes, maison (voir Bouillon de légumes léger) ou du commerce
- 2 cuillères à soupe de jus de citron frais
- 2 cuillères à soupe de margarine végétalienne
- 2 cuillères à soupe de persil frais haché

Préchauffez le four à 140°C. Assaisonnez le seitan avec du sel et du poivre selon votre goût et saupoudrez-le de farine.

Dans une grande poêle, faites chauffer 2 cuillères à soupe d'huile à feu moyen. Ajoutez le seitan enrobé et faites-le cuire jusqu'à ce qu'il soit légèrement doré des deux côtés, environ 10 minutes. Transférez le seitan dans un plat résistant à la chaleur et gardez-le au chaud dans le four.

Dans la même poêle, faites chauffer la cuillère à soupe d'huile restante à feu moyen. Ajoutez l'échalote et l'ail, faites cuire pendant 2 minutes, puis incorporez les câpres, le vin et le bouillon. Laissez mijoter pendant une minute ou deux pour réduire légèrement, puis ajoutez le jus de citron, la margarine et le persil, en remuant jusqu'à ce que la margarine soit mélangée à la sauce. Versez la sauce sur le seitan doré et servez immédiatement.

81. Seitan aux trois graines

Donne 4 portions

- ¹/₄ tasse de graines de tournesol décortiquées non salées
- ¹/₄ tasse de graines de citrouille décortiquées non salées (pepitas)
- ¹/₄ tasse de graines de sésame
- ¾ tasse de farine tout usage
- 1 cuillère à café de coriandre moulue
- 1 cuillère à café de paprika fumé
- ¹/₂ cuillère à café de sel
- ¹/₄ cuillère à café de poivre noir fraîchement moulu
- 1 livre de seitan, fait maison ou acheté en magasin, coupé en morceaux de la taille d'une bouchée
- 2 cuillères à soupe d'huile d'olive

Dans un robot culinaire, mélangez les graines de tournesol, les graines de citrouille et les graines de sésame et réduisez-les en poudre. Transférez dans un bol peu profond, ajoutez la farine, la coriandre, le paprika, le sel et le poivre, puis remuez pour mélanger.

Humidifiez les morceaux de seitan avec de l'eau, puis trempez-les dans le mélange de graines pour les enrober complètement.

Dans une grande poêle, faites chauffer l'huile à feu moyen. Ajoutez le seitan et faites-le cuire jusqu'à ce qu'il soit légèrement doré et croustillant des deux côtés. Servez immédiatement.

82. Fajitas sans frontières

Donne 4 portions

- 1 cuillère à soupe d'huile d'olive
- 1 petit oignon rouge, haché
- 10 onces de seitan, fait maison ou acheté en magasin, coupé en lanières de $1/2$ pouce
- $1/4$ tasse de piments verts hachés doux ou piquants en conserve
- Sel et poivre noir fraîchement moulu
- Tortillas à la farine molles (10 pouces)
- 2 tasses de salsa aux tomates, maison (voir Salsa aux tomates fraîches) ou achetée en magasin

Dans une grande poêle, faites chauffer l'huile à feu moyen. Ajoutez l'oignon, couvrez et faites cuire jusqu'à ce qu'il soit tendre, environ 7 minutes. Ajoutez le seitan et faites cuire à découvert pendant 5 minutes.

Ajoutez les patates douces, les piments, l'origan, le sel et le poivre au goût, en remuant pour bien mélanger. Continuez à cuire jusqu'à ce que le mélange soit chaud et que les saveurs soient bien mélangées, en remuant de temps en temps, environ 7 minutes.

Réchauffez les tortillas dans une poêle sèche. Placez chaque tortilla dans un bol peu profond. Versez le mélange de seitan et de patates douces dans les tortillas, puis garnissez chacune d'environ $1/3$ tasse de salsa. Saupoudrez chaque tortilla un bol avec 1 cuillère à soupe d'olives, si vous en utilisez. Servir immédiatement, accompagné du reste de salsa.

83. Seitan avec relish de pomme verte

Donne 4 portions

- 2 pommes Granny Smith, hachées grossièrement
- $1/2$ tasse d'oignon rouge finement haché
- $1/2$ piment jalapeño, épépiné et haché
- $1\ 1/2$ cuillères à café de gingembre frais râpé
- 2 cuillères à soupe de jus de citron vert frais
- 2 cuillères à café de nectar d'agave
- Sel et poivre noir fraîchement moulu
- 2 cuillères à soupe d'huile d'olive
- 1 livre de seitan, fait maison ou acheté en magasin, coupé en tranches de $1/2$ pouce

Dans un bol moyen, mélanger les pommes, l'oignon, le piment, le gingembre, le jus de citron vert, le nectar d'agave, le sel et le poivre au goût. Réserver.

Chauffer l'huile dans une poêle à feu moyen. Ajouter le seitan et cuire jusqu'à ce qu'il soit doré des deux côtés, en le retournant une fois, environ 4 minutes de chaque côté. Assaisonner de sel et de poivre au goût. Ajouter le jus de pomme et cuire pendant une minute jusqu'à ce qu'il réduise. Servir immédiatement avec la relish aux pommes.

84. Sauté de seitan, brocoli et shiitake

Donne 4 portions

- 2 cuillères à soupe d'huile de canola ou de pépins de raisin
- 10 onces de seitan, fait maison ou acheté en magasin, coupé en tranches de $1/4$ pouce
- 3 gousses d'ail hachées
- 2 cuillères à café de gingembre frais râpé
- oignons verts, hachés
- 1 bouquet moyen de brocoli, coupé en fleurons de 1 pouce
- 3 cuillères à soupe de sauce soja
- 2 cuillères à soupe de xérès sec
- 1 cuillère à café d'huile de sésame grillée
- 1 cuillère à soupe de graines de sésame grillées

Dans une grande poêle, faites chauffer 1 cuillère à soupe d'huile à feu moyen-vif. Ajoutez le seitan et faites-le cuire en remuant de temps en temps jusqu'à ce qu'il soit légèrement doré, environ 3 minutes. Transférez le seitan dans un bol et réservez.

Dans la même poêle, faites chauffer la cuillère à soupe d'huile restante à feu moyen-vif. Ajoutez les champignons et faites-les cuire en remuant fréquemment jusqu'à ce qu'ils soient dorés, environ 3 minutes. Ajoutez l'ail, le gingembre et les oignons verts et faites cuire 30 secondes de plus. Ajoutez le mélange de champignons au seitan cuit et réservez.

Ajoutez le brocoli et l'eau dans la même poêle. Couvrez et laissez cuire jusqu'à ce que le brocoli commence à devenir vert vif, environ 3 minutes. Découvrez et laissez cuire, en remuant fréquemment, jusqu'à ce que le liquide s'évapore et que le brocoli soit tendre et croquant, environ 3 minutes de plus.

Remettez le mélange de seitan et de champignons dans la poêle. Ajoutez la sauce soja et le xérès et faites revenir jusqu'à ce que le seitan et les légumes soient chauds, environ 3 minutes. Arrosez d'huile de sésame et de graines de sésame et servez immédiatement.

85. Brochettes de seitan aux pêches

Donne 4 portions

- $1/3$ tasse de vinaigre balsamique
- 2 cuillères à soupe de vin rouge sec
- 2 cuillères à soupe de sucre brun clair
- $1/4$ tasse de basilic frais haché
- $1/4$ tasse de marjolaine fraîche hachée
- 2 cuillères à soupe d'ail émincé
- 2 cuillères à soupe d'huile d'olive
- 1 livre de seitan, fait maison ou acheté en magasin, coupé en morceaux de 1 pouce
- échalotes coupées en deux dans le sens de la longueur et blanchies
- Sel et poivre noir fraîchement moulu
- 2 pêches mûres, dénoyautées et coupées en morceaux de 1 pouce

M élanger le vinaigre, le vin et le sucre dans une petite casserole et porter à ébullition. Réduire le feu à moyen et laisser mijoter en remuant jusqu'à ce que le mélange soit réduit de moitié, environ 15 minutes. Retirer du feu.

Dans un grand bol, mélanger le basilic, la marjolaine, l'ail et l'huile d'olive. Ajouter le seitan, les échalotes et les pêches, et mélanger pour enrober. Assaisonner de sel et de poivre selon votre goût.

Préchauffez le gril. *Enfilez le seitan, les échalotes et les pêches sur les brochettes et badigeonnez-les du mélange balsamique.

Déposez les brochettes sur le gril et faites-les griller jusqu'à ce que le seitan et les pêches soient grillés, environ 3 minutes de chaque côté. Badigeonnez-les du reste du mélange balsamique et servez immédiatement.

*Au lieu de les griller, vous pouvez placer ces brochettes sous le gril. Faites-les griller à 4 ou 5 pouces du feu jusqu'à ce qu'elles soient chaudes et légèrement dorées sur les bords, environ 10 minutes, en les retournant une fois à mi-cuisson.

86. Brochettes de seitan et de légumes grillés

Donne 4 portions

- $1/3$ tasse de vinaigre balsamique
- 2 cuillères à soupe d'huile d'olive
- 1 cuillère à soupe d'origan frais haché ou 1 cuillère à café séché
- 2 gousses d'ail hachées
- $1/2$ cuillère à café de sel
- $1/4$ cuillère à café de poivre noir fraîchement moulu
- 1 livre de seitan, fait maison ou acheté en magasin, coupé en cubes de 1 pouce
- 200 g de petits champignons blancs, légèrement rincés et séchés
- 2 petites courgettes coupées en morceaux de 1 pouce
- 1 poivron jaune moyen, coupé en carrés de 1 pouce
- tomates cerises mûres

Dans un bol moyen, mélanger le vinaigre, l'huile, l'origan, le thym, l'ail, le sel et le poivre noir. Ajouter le seitan, les champignons, les courgettes, le poivron et les tomates, en les retournant pour les enrober. Laisser mariner à température ambiante pendant 30 minutes, en les retournant de temps en temps. Égoutter le seitan et les légumes, en réservant la marinade.

Préchauffer le gril. *Enfiler le seitan, les champignons et les tomates sur des brochettes.

Placez les brochettes sur le gril chaud et faites-les cuire en les retournant à mi-cuisson, soit environ 10 minutes au total. Arrosez d'un peu de marinade réservée et servez immédiatement.

*Au lieu de les griller, vous pouvez placer ces brochettes sous le gril. Faites-les griller à 4 à 5 pouces du feu jusqu'à ce qu'elles soient chaudes et légèrement dorées sur les bords, environ 10 minutes, en les retournant une fois à mi-cuisson.

87. Seitan en croûte

Donne 4 portions

- 1 cuillère à soupe d'huile d'olive
- 2 échalotes moyennes, hachées
- onces de champignons blancs, hachés
- $^1/_4$ tasse de Madère
- 1 cuillère à soupe de persil frais haché
- $^1/_2$ cuillère à café de thym séché
- $^1/_2$ cuillère à café de sarriette séchée
- 2 tasses de cubes de pain sec finement hachés
- Sel et poivre noir fraîchement moulu
- 1 pâte feuilletée surgelée, décongelée
- ($^1/_4$ pouce d'épaisseur) tranches de seitan d'environ 3 X 4 pouces ovales ou rectangles, séchées

Dans une grande poêle, faites chauffer l'huile à feu moyen. Ajoutez les échalotes et faites cuire jusqu'à ce qu'elles soient tendres, environ 3 minutes. Ajoutez les champignons et faites cuire, en remuant de temps en temps, jusqu'à ce qu'ils soient tendres, environ 5 minutes. Ajoutez le Madère, le persil, le thym et la sarriette et faites cuire jusqu'à ce que le liquide soit presque évaporé. Incorporez les cubes de pain et assaisonnez de sel et de poivre au goût. Réservez pour refroidir.

Déposez la pâte feuilletée sur un grand morceau de film plastique sur un plan de travail plat. Recouvrez d'un autre morceau de film plastique et utilisez un rouleau à pâtisserie pour étaler légèrement la pâte afin de la lisser. Coupez la pâte en quatre. Placez 1 tranche de seitan au centre de chaque morceau de pâte. Répartissez la farce entre les morceaux, en l'étalant pour recouvrir le seitan. Garnissez chaque morceau avec les tranches de seitan restantes. Repliez la pâte pour enfermer la garniture, en pinçant les bords avec vos doigts pour les sceller. Déposez les feuilles de pâte feuilletée, la couture vers le bas, sur une grande plaque à pâtisserie non graissée et réfrigérez pendant 30 minutes. Préchauffez le four à 400 °F. Faites cuire jusqu'à ce que la croûte soit dorée, environ 20 minutes. Servez immédiatement.

88. Torta au seitan et aux pommes de terre

Donne 6 portions

- 2 cuillères à soupe d'huile d'olive
- 1 oignon jaune moyen, émincé
- 4 tasses de jeunes pousses d'épinards frais hachées ou de bettes à carde équeutées
- 8 onces de seitan, fait maison ou acheté en magasin, finement haché
- 1 cuillère à café de marjolaine fraîche hachée
- $1/2$ cuillère à café de graines de fenouil moulues
- $1/4$ à $1/2$ cuillère à café de piment rouge écrasé
- Sel et poivre noir fraîchement moulu
- 2 livres de pommes de terre Yukon Gold, pelées et coupées en tranches de $1/4$ pouce
- $1/2$ tasse de parmesan ou de parmasio végétalien

Préchauffer le four à 400°F. Huiler légèrement une cocotte de 3 litres ou un plat de cuisson de 9 x 13 pouces et réserver.

Dans une grande poêle, faites chauffer 1 cuillère à soupe d'huile à feu moyen. Ajoutez l'oignon, couvrez et faites cuire jusqu'à ce qu'il soit tendre, environ 7 minutes. Ajoutez les épinards et faites cuire, à découvert, jusqu'à ce qu'ils soient fanés, environ 3 minutes. Incorporez le seitan, la marjolaine, les graines de fenouil et le piment rouge écrasé et faites cuire jusqu'à ce que le tout soit bien mélangé. Assaisonnez de sel et de poivre au goût. Réservez.

Répartir les tranches de tomates au fond du moule préparé. Recouvrir d'une couche de tranches de pommes de terre légèrement superposées. Badigeonner la couche de pommes de terre avec un peu de la cuillère à soupe d'huile restante et assaisonner de sel et de poivre au goût. Étaler environ la moitié du mélange de seitan et d'épinards sur les pommes de terre. Recouvrir d'une autre couche de pommes de terre, suivie du reste du mélange de seitan et d'épinards. Recouvrir d'une dernière couche de pommes de terre, arroser du reste d'huile, saler et poivrer au goût. Saupoudrer de parmesan. Couvrir et cuire au four jusqu'à ce que les pommes de terre soient tendres, 45 minutes à 1 heure. Découvrir et poursuivre la cuisson pour faire dorer le dessus, 10 à 15 minutes. Servir immédiatement.

89. Hachis parmentier rustique

Donne 4 à 6 portions

- Pommes de terre Yukon Gold, pelées et coupées en dés de 1 pouce
- 2 cuillères à soupe de margarine végétalienne
- $1/4$ tasse de lait de soja nature non sucré
- Sel et poivre noir fraîchement moulu
- 1 cuillère à soupe d'huile d'olive
- 1 oignon jaune moyen, finement haché

- 1 carotte moyenne, finement hachée
- 1 côte de céleri, finement hachée
- onces de seitan, fait maison ou acheté en magasin, finement haché
- 1 tasse de petits pois surgelés
- 1 tasse de grains de maïs surgelés
- 1 cuillère à café de sarriette séchée
- $1/2$ cuillère à café de thym séché

Dans une casserole d'eau bouillante salée, cuire les pommes de terre jusqu'à ce qu'elles soient tendres, soit 15 à 20 minutes. Bien les égoutter et les remettre dans la casserole. Ajouter la margarine, le lait de soja, le sel et le poivre au goût. Écraser grossièrement avec un presse-purée et réserver. Préchauffer le four à 180 °C (350 °F).

Dans une grande poêle, faites chauffer l'huile à feu moyen. Ajoutez l'oignon, la carotte et le céleri. Couvrez et laissez cuire jusqu'à ce qu'ils soient tendres, environ 10 minutes. Transférez les légumes dans un plat de cuisson de 9 x 13 pouces. Incorporez le seitan, la sauce aux champignons, les pois, le maïs, la sarriette et le thym. Assaisonnez de sel et de poivre au goût et étalez le mélange uniformément dans le plat de cuisson.

Recouvrir de purée de pommes de terre et l'étaler sur les bords du plat de cuisson. Cuire au four jusqu'à ce que les pommes de terre soient dorées et que la garniture bouillonne, environ 45 minutes. Servir immédiatement.

90. Seitan aux épinards et aux tomates

Donne 4 portions

- 2 cuillères à soupe d'huile d'olive
- 1 livre de seitan, fait maison ou acheté en magasin, coupé en lanières de $1/4$ pouce
- Sel et poivre noir fraîchement moulu
- 3 gousses d'ail hachées
- 4 tasses de jeunes pousses d'épinards frais
- tomates séchées au soleil dans l'huile, coupées en lanières de $1/4$ pouce
- $1/2$ tasse d'olives Kalamata dénoyautées, coupées en deux
- 1 cuillère à soupe de câpres
- $1/4$ cuillère à café de piment rouge broyé

Dans une grande poêle, faites chauffer l'huile à feu moyen. Ajoutez le seitan, assaisonnez de sel et de poivre noir au goût et faites cuire jusqu'à ce qu'il soit doré, environ 5 minutes de chaque côté.

Ajoutez l'ail et faites cuire pendant 1 minute pour le ramollir. Ajoutez les épinards et faites cuire jusqu'à ce qu'ils soient fanés, environ 3 minutes. Incorporez les tomates, les olives, les câpres et le piment rouge écrasé. Assaisonnez avec du sel et du poivre noir au goût. Faites cuire en remuant jusqu'à ce que les saveurs se mélangent, environ 5 minutes

Servir immédiatement.

91. Seitan et pommes de terre festonnées

Donne 4 portions

- 2 cuillères à soupe d'huile d'olive
- 1 petit oignon jaune, émincé
- $1/4$ tasse de poivron vert émincé
- grosses pommes de terre Yukon Gold, pelées et coupées en tranches de $1/4$ po
- $1/2$ cuillère à café de sel
- $1/4$ cuillère à café de poivre noir fraîchement moulu
- 10 onces de seitan, fait maison ou acheté en magasin, haché
- $1/2$ tasse de lait de soja nature non sucré
- 1 cuillère à soupe de margarine végétalienne
- 2 cuillères à soupe de persil frais haché, en garniture

Préchauffer le four à 350°F. Huiler légèrement un moule carré de 10 pouces et réserver.

Dans une poêle, faites chauffer l'huile à feu moyen. Ajoutez l'oignon et le poivron et faites cuire jusqu'à ce qu'ils soient tendres, environ 7 minutes. Réservez.

Dans le plat de cuisson préparé, disposez la moitié des pommes de terre en couches et saupoudrez de sel et de poivre noir selon votre goût. Saupoudrez le mélange d'oignons et de poivrons et le seitan haché sur les pommes de terre. Recouvrez avec les tranches de pommes de terre restantes et assaisonnez de sel et de poivre noir selon votre goût.

Dans un bol moyen, mélanger la sauce brune et le lait de soja jusqu'à ce que le mélange soit homogène. Verser sur les pommes de terre. Parsemer la couche supérieure de margarine et couvrir hermétiquement de papier d'aluminium. Cuire au four pendant 1 heure. Retirer le papier d'aluminium et cuire au four pendant 20 minutes supplémentaires ou jusqu'à ce que le dessus soit doré. Servir immédiatement parsemé de persil.

92. Nouilles sautées coréennes

Donne 4 portions

- 8 onces de dang myun ou de nouilles aux haricots
- 2 cuillères à soupe d'huile de sésame grillée
- 1 cuillère à soupe de sucre
- $1/4$ cuillère à café de sel
- $1/4$ cuillère à café de poivre de Cayenne moulu
- 2 cuillères à soupe d'huile de canola ou de pépins de raisin
- 8 onces de seitan, fait maison ou acheté en magasin, coupé en lanières de $1/4$ pouce
- 1 oignon moyen, coupé en deux dans le sens de la longueur et tranché finement
- 1 carotte moyenne, coupée en fines allumettes
- 6 onces de champignons shiitake frais, équeutés et finement tranchés

- 3 tasses de bok choy finement tranché ou autre chou asiatique
- 3 oignons verts, hachés
- 3 gousses d'ail finement hachées
- 1 tasse de germes de soja
- 2 cuillères à soupe de graines de sésame, pour la garniture

Faire tremper les nouilles dans de l'eau chaude pendant 15 minutes. Les égoutter et les rincer sous l'eau froide. Réserver.

Dans un petit bol, mélanger la sauce soja, l'huile de sésame, le sucre, le sel et le poivre de Cayenne et réserver.

Dans une grande poêle, faites chauffer 1 cuillère à soupe d'huile à feu moyen-vif. Ajoutez le seitan et faites-le revenir jusqu'à ce qu'il soit doré, environ 2 minutes. Retirez-le de la poêle et réservez.

Ajoutez la cuillère à soupe restante d'huile de canola dans la même poêle et faites chauffer à feu moyen-vif. Ajoutez l'oignon et la carotte et faites revenir jusqu'à ce qu'ils soient tendres, environ 3 minutes. Ajoutez les champignons, le bok choy, les oignons verts et l'ail et faites revenir jusqu'à ce qu'ils soient tendres, environ 3 minutes.

Ajoutez les germes de soja et faites revenir pendant 30 secondes, puis ajoutez les nouilles cuites, le seitan doré et le mélange de sauce soja et remuez pour enrober. Continuez à cuire, en remuant de temps en temps, jusqu'à ce que les ingrédients soient chauds et bien mélangés, 3 à 5 minutes. Transférez dans un grand plat de service, saupoudrez de graines de sésame et servez immédiatement.

93. Chili aux haricots rouges épicés à la jerk

Donne 4 portions

- 1 cuillère à soupe d'huile d'olive
- 1 oignon moyen, haché
- 10 onces de seitan, fait maison ou acheté en magasin, haché
- 3 tasses de haricots rouges foncés cuits ou 2 boîtes (15,5 onces), égouttés et rincés
- (14,5 onces) de tomates concassées en conserve
- (14,5 onces) de tomates en dés en conserve, égouttées
- (4 onces) de piments verts doux ou piquants hachés, égouttés
- $1/2$ tasse de sauce barbecue, maison ou achetée en magasin
- 1 tasse d'eau
- 1 cuillère à soupe de sauce soja

- 1 cuillère à soupe de poudre de chili
- 1 cuillère à café de cumin moulu
- 1 cuillère à café de piment de la Jamaïque moulu
- 1 cuillère à café de sucre
- $1/2$ cuillère à café d'origan moulu
- $1/4$ cuillère à café de poivre de Cayenne moulu
- $1/2$ cuillère à café de sel
- $1/4$ cuillère à café de poivre noir fraîchement moulu

Dans une grande casserole, faites chauffer l'huile à feu moyen. Ajoutez l'oignon et le seitan. Couvrez et laissez cuire jusqu'à ce que l'oignon soit tendre, environ 10 minutes.

Incorporer les haricots rouges, les tomates concassées, les tomates en dés et les piments. Incorporer la sauce barbecue, l'eau, la sauce soja, la poudre de chili, le cumin, le piment de la Jamaïque, le sucre, l'origan, le poivre de Cayenne, le sel et le poivre noir.

Portez à ébullition, puis réduisez le feu à moyen et laissez mijoter à couvert jusqu'à ce que les légumes soient tendres, environ 45 minutes. Découvrez et laissez mijoter environ 10 minutes de plus. Servez immédiatement.

94. Ragoût de mélange d'automne

Donne 4 à 6 portions

- 2 cuillères à soupe d'huile d'olive
- 10 onces de seitan, fait maison ou acheté en magasin, coupé en cubes de 1 pouce
- Sel et poivre noir fraîchement moulu
- 1 gros oignon jaune, haché
- 2 gousses d'ail hachées
- 1 grosse pomme de terre rousse, pelée et coupée en dés de $1/2$ pouce
- 1 panais moyen, coupé en dés de $1/4$ pouce haché
- 1 petite courge musquée, pelée, coupée en deux, épépinée et coupée en dés de $1/2$ pouce
- 1 petite tête de chou frisé, hachée
- 1 boîte (14,5 onces) de tomates en dés, égouttées
- $1\ 1/2$ tasse de pois chiches cuits ou 1 boîte (15,5 onces) de pois chiches, égouttés et rincés

- 2 tasses de bouillon de légumes, fait maison (voir Bouillon de légumes léger) ou acheté en magasin, ou de l'eau
- $1/2$ cuillère à café de marjolaine séchée
- $1/2$ cuillère à café de thym séché
- $1/2$ tasse de cheveux d'ange émiettés

Dans une grande poêle, faites chauffer 1 cuillère à soupe d'huile à feu moyen-vif. Ajoutez le seitan et faites-le cuire jusqu'à ce qu'il soit doré de tous les côtés, environ 5 minutes. Assaisonnez de sel et de poivre au goût et réservez.

Dans une grande casserole, faites chauffer la cuillère à soupe d'huile restante à feu moyen. Ajoutez l'oignon et l'ail. Couvrez et laissez cuire jusqu'à ce qu'ils soient tendres, environ 5 minutes. Ajoutez la pomme de terre, la carotte, le panais et la courge. Couvrez et laissez cuire jusqu'à ce qu'ils soient tendres, environ 10 minutes.

Incorporer le chou, les tomates, les pois chiches, le bouillon, le vin, la marjolaine, le thym, le sel et le poivre au goût. Porter à ébullition, puis réduire le feu à doux. Couvrir et cuire en remuant de temps en temps jusqu'à ce que les légumes soient tendres, environ 45 minutes. Ajouter le seitan cuit et les pâtes et laisser mijoter jusqu'à ce que les pâtes soient tendres et que les saveurs se mélangent, environ 10 minutes de plus. Servir immédiatement.

95. Riz italien au seitan

Donne 4 portions

- 2 tasses d'eau
- 1 tasse de riz brun ou blanc à grains longs
- 2 cuillères à soupe d'huile d'olive
- 1 oignon jaune moyen, haché
- 2 gousses d'ail hachées
- 10 onces de seitan, fait maison ou acheté en magasin, haché
- 4 onces de champignons blancs, hachés
- 1 cuillère à café de basilic séché
- $1/2$ cuillère à café de graines de fenouil moulues
- $1/4$ cuillère à café de piment rouge broyé
- Sel et poivre noir fraîchement moulu

Dans une grande casserole, porter l'eau à ébullition à feu vif. Ajouter le riz, réduire le feu à doux, couvrir et laisser cuire jusqu'à ce qu'il soit tendre, environ 30 minutes.

Dans une grande poêle, faites chauffer l'huile à feu moyen. Ajoutez l'oignon, couvrez et faites cuire jusqu'à ce qu'il soit tendre, environ 5 minutes. Ajoutez le seitan et faites cuire à découvert jusqu'à ce qu'il soit doré. Incorporez les champignons et faites cuire jusqu'à ce qu'ils soient tendres, environ 5 minutes de plus. Incorporez le basilic, le fenouil, le piment rouge écrasé, le sel et le poivre noir au goût.

Transférez le riz cuit dans un grand bol de service. Incorporez le mélange de seitan et mélangez bien. Ajoutez une quantité généreuse de poivre noir et servez immédiatement.

96. Hachis aux deux pommes de terre

Donne 4 portions

- 2 cuillères à soupe d'huile d'olive
- 1 oignon rouge moyen, haché
- 1 poivron rouge ou jaune moyen, haché
- 1 pomme de terre Russet moyenne cuite, pelée et coupée en dés de 1/2 pouce
- 1 patate douce moyenne cuite, pelée et coupée en dés de 1/2 pouce
- 2 tasses de seitan haché, fait maison
- Sel et poivre noir fraîchement moulu

Dans une grande poêle, faire chauffer l'huile à feu moyen. Ajouter l'oignon et le poivron.

Couvrir et laisser cuire jusqu'à ce qu'ils soient tendres, environ 7 minutes.

Ajoutez la pomme de terre blanche, la patate douce et le seitan, puis assaisonnez de sel et de poivre selon votre goût. Faites cuire à découvert jusqu'à ce que le tout soit légèrement doré, en remuant fréquemment, pendant environ 10 minutes. Servez chaud.

97. Enchiladas au seitan et à la crème sure

POUR 8 PERSONNES
INGRÉDIENTS

Seitan
- 1 tasse de farine de gluten de blé vitale
- 1/4 tasse de farine de pois chiches
- 1/4 tasse de levure nutritionnelle
- 1 cuillère à café de poudre d'oignon
- 1/2 cuillère à café de poudre d'ail
- 1 1/2 cuillère à café de bouillon de légumes en poudre
- 1/2 tasse d'eau
- 2 cuillères à soupe de jus de citron fraîchement pressé
- 2 cuillères à soupe de sauce soja
- 2 tasses de bouillon de légumes

Sauce à la crème sure
- 2 cuillères à soupe de margarine végétalienne

- 2 cuillères à soupe de farine
- 1 1/2 tasse de bouillon de légumes
- 2 cartons (8 oz) de crème sure végétalienne
- 1 tasse de salsa verde (salsa aux tomates)
- 1/2 cuillère à café de sel
- 1/2 cuillère à café de poivre blanc moulu
- 1/4 tasse de coriandre hachée

Enchiladas
- 2 cuillères à soupe d'huile d'olive
- 1/2 oignon moyen, coupé en dés
- 2 gousses d'ail hachées
- 2 piments serrano hachés (voir conseil)
- 1/4 tasse de concentré de tomates
- 1/4 tasse d'eau
- 1 cuillère à soupe de cumin
- 2 cuillères à soupe de poudre de chili
- 1 cuillère à café de sel
- 15 à 20 tortillas de maïs
- 1 paquet (8 oz) de copeaux de style cheddar Daiya
- 1/2 tasse de coriandre hachée

MÉTHODE

a) Préparez le seitan. Préchauffez le four à 160 °C. Huilez légèrement une cocotte avec couvercle avec un spray antiadhésif. Mélangez les farines, la levure alimentaire, les épices et la poudre de bouillon de légumes dans un grand bol. Mélangez l'eau, le jus de citron et la sauce soja dans un petit bol. Ajoutez les ingrédients humides aux ingrédients secs et remuez jusqu'à ce qu'une pâte se forme. Ajustez la quantité d'eau ou de gluten selon vos besoins (voir conseil). Pétrissez la pâte pendant 5 minutes, puis formez un pain. Placez le seitan dans la cocotte et couvrez de 2 tasses de bouillon de légumes. Couvrez et laissez cuire pendant 40 minutes. Retournez le pain, puis couvrez et laissez cuire encore 40 minutes. Retirez le seitan du plat et laissez-le reposer jusqu'à ce qu'il soit suffisamment froid pour être manipulé.

b) Enfoncez une fourchette dans le dessus du pain de seitan et maintenez-le en place d'une main. Utilisez une deuxième fourchette pour déchiqueter le pain en petits morceaux et l'émietter.

c) Préparez la sauce à la crème sure. Faites fondre la margarine dans une grande casserole à feu moyen. Incorporez la farine à l'aide d'un fouet métallique et laissez cuire pendant 1 minute. Versez lentement le bouillon de légumes en fouettant constamment jusqu'à ce que le mélange soit lisse. Laissez cuire pendant 5 minutes en continuant de fouetter jusqu'à ce que la sauce épaississe. Incorporez la crème sure et la salsa verde en fouettant, puis incorporez le reste des ingrédients de la sauce. Ne laissez pas bouillir, mais laissez cuire jusqu'à ce que le mélange soit bien chaud. Retirez du feu et réservez.

d) Préparez les enchiladas. Faites chauffer l'huile d'olive dans une grande poêle à feu moyen. Ajoutez l'oignon et faites cuire 5 minutes ou jusqu'à ce qu'il soit translucide. Ajoutez l'ail et les piments Serrano et faites cuire 1 minute de plus. Incorporez le seitan râpé, la pâte de tomate, le cumin, la poudre de chili et le sel. Faites cuire 2 minutes, puis retirez du feu.

e) Préchauffez le four à 180 °C. Réchauffez les tortillas dans une poêle ou au micro-ondes et couvrez-les d'un torchon de cuisine. Étalez 1 tasse de sauce à la crème sure au fond d'un plat de cuisson de 5 litres. Placez un quart de tasse à peine du mélange de seitan râpé et 1 cuillère à soupe de Daiya sur une tortilla. Roulez et placez dans le plat de cuisson, joint vers le bas. Répétez l'opération avec les tortillas restantes. Couvrez les enchiladas avec le reste de sauce à la crème sure, puis saupoudrez de Daiya.

f) Faites cuire les enchiladas pendant 25 minutes ou jusqu'à ce qu'elles bouillonnent et soient légèrement dorées. Laissez refroidir pendant 10 minutes. Saupoudrez de 1/2 tasse de coriandre hachée et servez.

98. Rôti de seitan farci végétalien

Ingrédients

Pour le seitan :
- 4 grosses gousses d'ail
- 350 ml de bouillon de légumes froid
- 2 cuillères à soupe d'huile de tournesol
- 1 cuillère à café de Marmite en option
- 280 g de gluten de blé vital
- 3 cuillères à soupe de flocons de levure nutritionnelle
- 2 cuillères à café de paprika doux
- 2 cuillères à café de poudre de bouillon de légumes
- 1 cuillère à café d'aiguilles de romarin frais
- ½ cuillère à café de poivre noir

Plus:
- 500 g de farce végétalienne au chou rouge et aux champignons
- 300 g de purée de potiron épicée
- Métrique – coutumier américain

Instructions

a) Préchauffez votre four à 180°C (thermostat 4).
b) Dans un grand bol, mélangez le gluten de blé vital, la levure nutritionnelle, la poudre de bouillon, le paprika, le romarin et le poivre noir.
c) À l'aide d'un mixeur (de comptoir ou à immersion), mixez l'ail, le bouillon, l'huile et la Marmite ensemble, puis ajoutez-les aux ingrédients secs.
d) Bien mélanger jusqu'à ce que tout soit incorporé, puis pétrir pendant cinq minutes. (note 1)

e) Sur un grand morceau de papier sulfurisé en silicone, étalez le seitan en une forme vaguement rectangulaire, jusqu'à ce qu'il ait une épaisseur d'environ 1,5 cm (½").
f) Étalez généreusement la purée de potiron, puis ajoutez une couche de farce au chou et aux champignons.
g) À l'aide du papier sulfurisé, enroulez soigneusement le seitan en commençant par l'une des extrémités courtes pour lui donner la forme d'une bûche. Essayez de ne pas étirer le seitan en faisant cela. Pressez les extrémités du seitan ensemble pour les sceller.

h) Enveloppez hermétiquement la bûche dans du papier aluminium. Si votre papier est fin, utilisez deux ou trois couches.
i) (J'enveloppe le mien comme un caramel géant – et je tords fermement les extrémités du papier d'aluminium pour éviter qu'il ne se défasse !)
j) Placez le seitan directement sur une grille au centre du four et faites-le cuire pendant deux heures, en le retournant toutes les 30 minutes, pour assurer une cuisson et un brunissement uniformes.
k) Une fois cuit, laissez reposer le rôti de seitan farci dans son emballage pendant 20 minutes avant de le trancher.
l) Servez avec des légumes rôtis traditionnels, une sauce aux champignons préparée à l'avance et toute autre garniture de votre choix.

100. Sandwich cubain au seitan

Ingrédients
- Seitan rôti Mojo :
- 3/4 tasse de jus d'orange frais
- 3 cuillères à soupe de jus de citron vert frais
- 3 cuillères à soupe d'huile d'olive
- 4 gousses d'ail hachées
- 1 cuillère à café d'origan séché
- 1/2 cuillère à café de cumin moulu
- 1/2 cuillère à café de sel
- 1/2 livre de seitan, coupé en tranches de 1/4 pouce d'épaisseur

Pour le montage :
- 4 petits pains sous-marins végétaliens (de 6 à 8 pouces de long) ou 1 pain italien végétalien moelleux, coupés dans le sens de la largeur en 4 morceaux
- Beurre végétal, à température ambiante, ou huile d'olive

- Moutarde jaune
- 1 tasse de tranches de cornichon au pain et au beurre 8 tranches de jambon végétalien du commerce
- 8 tranches de fromage végétalien au goût doux (de préférence au goût américain ou jaune)

Instructions

a) Préparez le seitan : Préchauffez le four à 190 °C (375 °F). Fouettez tous les ingrédients du mojo, sauf le seitan, dans un plat de cuisson en céramique ou en verre de 18 x 28 cm (7 x 11 po). Ajoutez les lanières de seitan et mélangez pour les enrober de marinade. Faites rôtir pendant 10 minutes, puis retournez les tranches une fois, jusqu'à ce que les bords soient légèrement dorés et qu'il reste un peu de marinade juteuse (ne les faites pas trop cuire !). Retirez du four et laissez refroidir.

b) Assemblez les sandwichs : coupez chaque pain ou morceau de pain en deux horizontalement et tartinez généreusement les deux moitiés de beurre ou badigeonnez-les d'huile d'olive. Sur la moitié inférieure de chaque pain, étalez une épaisse couche de moutarde, quelques tranches de cornichon, deux tranches de jambon et un quart des tranches de seitan, puis recouvrez de deux tranches de fromage.

c) Appliquez un peu de marinade restante sur le côté coupé de l'autre moitié du pain, puis placez-la sur la moitié inférieure du sandwich. Badigeonnez l'extérieur du sandwich d'un peu plus d'huile d'olive ou tartinez-le de beurre.

d) Préchauffer une poêle en fonte de 25 à 30 cm (10 à 12 po) à feu moyen. Transférer délicatement deux sandwichs dans la poêle, puis recouvrir d'un matériau lourd et résistant à la chaleur, comme une autre poêle en fonte ou une brique recouverte de plusieurs couches de papier d'aluminium résistant. Faire griller le sandwich pendant 3 à 4 minutes, en surveillant attentivement pour éviter que le pain ne brûle; si nécessaire, baisser légèrement le feu pendant la cuisson du sandwich.

e) Lorsque le pain semble grillé, retirez le moule/la brique et utilisez une large spatule pour retourner soigneusement chaque sandwich. Appuyez à nouveau avec le poids et laissez cuire encore 3 minutes environ, jusqu'à ce que le fromage soit chaud et fondu.

f) Retirez le poids, transférez chaque sandwich sur une planche à découper et coupez-le en diagonale avec un couteau dentelé. Servez chaud

CONCLUSION

Le tempeh a une saveur de noisette plus prononcée et est plus dense et plus riche en fibres et en protéines. Le seitan est plus sournois que le tempeh car il peut souvent passer pour de la viande en raison de sa saveur savoureuse. En prime, il est également plus riche en protéines et plus faible en glucides.

Le seitan est la protéine la moins végétale qui nécessite le moins de préparation. Vous pouvez généralement remplacer la viande par du seitan dans les recettes en utilisant un rapport de substitution 1:1 et contrairement à la viande, vous n'avez pas besoin de le réchauffer avant de le manger. L'une des meilleures façons de l'utiliser est en miettes dans une sauce pour pâtes.

Pour le tempeh, il est important de bien le mariner. Les marinades peuvent inclure de la sauce soja, du jus de citron vert ou de citron, du lait de coco, du beurre de cacahuète, du sirop d'érable, du gingembre ou des épices. Si vous n'avez pas des heures pour faire mariner votre tempeh, vous pouvez le cuire à la vapeur avec de l'eau pour le ramollir et le rendre plus poreux.